ΤΟ ΚΑΛΥΤ

Μ

100 νόστιμες συνταγές για σπιτικές μαρμελάδες, ζελέ και κονσέρβες, με κλασικές γεύσεις και μοναδικούς συνδυασμούς, συν συμβουλές ειδικών για την επιλογή, την προετοιμασία και την αποθήκευση των φρούτων σας, ιδανικά για δώρο ή αποθήκευση στο ντουλάπι σας

Ζωή Κωνσταντίνου

Αποποίηση ευθυνών

Οι πληροφορίες που περιέχονται σε αυτό το Βιβλίο προορίζονται να χρησιμεύσουν ως μια περιεκτική συλλογή στρατηγικών για τις οποίες ο συγγραφέας αυτού του Βιβλίου έχει κάνει έρευνα. Οι περιλήψεις, οι στρατηγικές, οι συμβουλές και τα κόλπα συνιστώνται μόνο από τον συγγραφέα και η ανάγνωση αυτού του Βιβλίου δεν εγγυάται ότι τα αποτελέσματα θα αντικατοπτρίζουν ακριβώς τα αποτελέσματα του συγγραφέα. Ο συγγραφέας του Βιβλίου έχει καταβάλει όλες τις εύλογες προσπάθειες για να παρέχει επίκαιρες και ακριβείς πληροφορίες στους αναγνώστες του Βιβλίου. Ο συγγραφέας και οι συνεργάτες του δεν θα θεωρηθούν υπεύθυνοι για τυχόν ακούσιο λάθος ή παραλείψεις που ενδέχεται να εντοπιστούν. Το υλικό του Βιβλίου μπορεί να περιλαμβάνει πληροφορίες από τρίτους. Το υλικό τρίτων περιλαμβάνει απόψεις που εκφράζονται από τους ιδιοκτήτες τους. Ως εκ τούτου, ο συγγραφέας του Βιβλίου δεν αναλαμβάνει καμία ευθύνη ή ευθύνη για οποιοδήποτε υλικό ή απόψεις τρίτων. Είτε λόγω της προόδου του Διαδικτύου είτε λόγω των απρόβλεπτων αλλαγών στην πολιτική της εταιρείας και τις κατευθυντήριες γραμμές υποβολής σύνταξης, ό,τι αναφέρεται ως γεγονός τη στιγμή της συγγραφής αυτής μπορεί να καταστεί παρωχημένο ή ανεφάρμοστο αργότερα.

ΠΙΝΑΚΑΣ ΠΕΡΙΕΧΟΜΕΝΩΝ

ΕΙΣΑΓΩΓΗ

Είστε λάτρης των σπιτικών μαρμελάδων και γλυκών; Μην ψάχνετε άλλο από το The Ultimate Jam Cookbook! Με 100 απολαυστικές συνταγές για να διαλέξετε, θα σας κακομάθουν οι επιλογές όταν πρόκειται να επιλέξετε την επόμενη δημιουργία με φρούτα. Δείτε τι μπορείτε να περιμένετε από αυτό το ολοκληρωμένο βιβλίο μαγειρικής:

- Μεγάλη γκάμα συνδυασμών γεύσεων: Από κλασικές συνταγές όπως φράουλα και βατόμουρο μέχρι πιο μοναδικά μείγματα όπως ραβέντι και τριαντάφυλλο ή αχλάδι και τζίντζερ, αυτό το βιβλίο μαγειρικής έχει κάτι για κάθε γούστο. Με 100 συνταγές για να διαλέξετε, δεν θα ξεμείνετε ποτέ από έμπνευση.

- Συμβουλές ειδικών για τη συντήρηση φρούτων: Ακόμα κι αν είστε αρχάριος στην κουζίνα, αυτό το βιβλίο μαγειρικής σας διευκολύνει να ξεκινήσετε με την παρασκευή μαρμελάδας. Θα βρείτε χρήσιμες συμβουλές για την επιλογή των καλύτερων φρούτων, την προετοιμασία τους για κονσερβοποίηση και τη διασφάλιση ότι οι μαρμελάδες σας θα παραμείνουν φρέσκες για τους επόμενους μήνες.

- Ιδανικά για δώρο ή αποθήκευση στο ντουλάπι σας: Οι σπιτικές μαρμελάδες κάνουν προσεγμένα δώρα για τους φίλους και την οικογένεια ή μπορούν να χρησιμοποιηθούν για να προσθέσουν μια νότα γλυκύτητας στο πρωινό τοστ ή το απογευματινό σας τσάι. Με 100 συνταγές στα χέρια σας, θα έχετε πάντα στη διάθεσή σας ένα βάζο με νόστιμη μαρμελάδα όποτε τη χρειάζεστε.

ΜΑΡΜΕΛΑΔΕΣ ΑΛΜΥΡΕΣ

1. Ζελέ μήλου και θυμαριού/φασκόμηλο

Κάνει: 5 κιλά

ΣΥΣΤΑΤΙΚΑ:

- 3 κιλά Bramley μήλα μαγειρικής
- 3 λίβρες κρυσταλλική ζάχαρη
- 2 Πίντες (1130 ml) Νερό
- 1 ουγκιά (30 g) Θυμάρι/Φασκόμηλο, ψιλοκομμένο
- ½ μπουκάλι υγρή πηκτίνη

ΟΔΗΓΙΕΣ:

a) Πλένουμε το μήλο, το κόβουμε σε μικρά κομμάτια, αλλά δεν το ξεφλουδίζουμε ή τον πυρήνα μας.
b) Βάζουμε τα φρούτα σε ένα τηγάνι με το νερό, σκεπάζουμε και σιγοβράζουμε μέχρι να βγουν τα φρούτα
c) είναι αρκετά μαλακό για να πολτοποιηθεί. Στραγγίστε τα πολτοποιημένα φρούτα μέσα από μια σακούλα ζελέ.
d) Βάλτε τη ζάχαρη και τα 1130 ml χυμού σε μια μεγάλη κατσαρόλα και ζεστάνετε απαλά μέχρι να διαλυθεί η ζάχαρη, ανακατεύοντας κατά διαστήματα.
e) Φέρτε γρήγορα σε πλήρη βράση και βράστε γρήγορα για 1 λεπτό.
f) Ανακατεύουμε την Υγρή Πηκτίνη και βράζουμε για μισό λεπτό ακόμα, ανακατεύοντας κατά διαστήματα.
g) Προσθέστε το θυμάρι/φασκόμηλο. Αποσύρουμε από τη φωτιά και ξαφρίζουμε, αν χρειάζεται.
h) Κατσαρόλα και σκεπάστε με τον συνηθισμένο τρόπο.

2. Ζελέ μέντας

Κάνει: 1½ κιλό

ΣΥΣΤΑΤΙΚΑ:

- Μεγάλο Μάτσο Μέντα
- 1 κιλό Ζάχαρη
- ½ Πίντα λευκό ξύδι
- Πράσινος Χρωματισμός
- 1 μπουκάλι υγρή πηκτίνη

ΟΔΗΓΙΕΣ:

a) Πλένουμε καλά τη μέντα και τη χωρίζουμε στα δύο.

b) Παίρνουμε τα φύλλα από το ένα ματσάκι, στύβουμε το πλεόνασμα νερού και τα ψιλοκόβουμε. Βάλτε το ξύδι και τη ζάχαρη σε μια κατσαρόλα με το δεύτερο ματσάκι δυόσμο και ανακατέψτε σε χαμηλή φωτιά μέχρι να διαλυθεί η ζάχαρη.

c) Αφαιρέστε το μάτσο δυόσμο. Αφήνουμε να βράσει για 1 λεπτό.

d) Στραγγίζουμε το σιρόπι μέσα από μια μουσελίνα και επιστρέφουμε στην κατσαρόλα.

e) Ανακατεύουμε την Υγρή Πηκτίνη, αφήνουμε να πάρει βράση και βράζουμε για 2 λεπτά. Προσθέστε τον ψιλοκομμένο δυόσμο και το χρώμα.

f) Αφήστε το να κρυώσει ελαφρά για να μην επιπλέει η μέντα.

g) Ξαφρίζουμε, τη κατσαρόλα και σκεπάζουμε με τον συνηθισμένο τρόπο.

3. Γλυκό ζελέ μηλίτη

Κάνει: 5 κιλά

ΣΥΣΤΑΤΙΚΑ:

- 2 πίντες (1130 ml) Γλυκός μηλίτης μήλου
- 3¼ κιλά Ζάχαρη
- 1 μπουκάλι υγρή πηκτίνη

ΟΔΗΓΙΕΣ:

a) Σε μια μεγάλη κατσαρόλα βάζουμε τον μηλίτη και τη ζάχαρη και ανακατεύουμε καλά.
b) Ζεσταίνουμε απαλά, ανακατεύοντας κατά διαστήματα μέχρι να διαλυθεί η ζάχαρη. Προσθέστε την Υγρή Πηκτίνη.
c) Φέρνουμε σε πλήρη βράση και βράζουμε δυνατά για 1 λεπτό.
d) Ξαφρίζουμε, τη κατσαρόλα και σκεπάζουμε με τον συνηθισμένο τρόπο.

4. <u>Ζελέ καυτερής πράσινης πιπεριάς</u>

Κάνει: 7 κιλά

ΣΥΣΤΑΤΙΚΑ:

- 3 μεγάλες πιπεριές – ξεσποριασμένες και κομμένες σε κύβους
- 5 λίβρες (2,3 κιλά) Ζάχαρη
- 24 ουγγιές (700 ml) Ξίδι μηλίτη
- 12 Πράσινα τσίλι – αφήστε τους σπόρους μέσα, απλώς κόψτε το στέλεχος
- 2 ½ ουγγιές (80 ml) Νερό 2 μπουκάλια υγρή πηκτίνη

ΟΔΗΓΙΕΣ:

a) Ρευστοποιήστε όλα τα συστατικά εκτός από τη ζάχαρη και την υγρή πηκτίνη.
b) Τοποθετούμε σε μια μεγάλη κατσαρόλα, προσθέτουμε τη ζάχαρη και βράζουμε γρήγορα για 8 λεπτά.
c) Αποσύρουμε από τη φωτιά, σουρώνουμε, προσθέτουμε Υγρή Πηκτίνη και μερικές σταγόνες πράσινου χρώματος αν θέλουμε.
d) Ανακατεύουμε καλά, αδειάζουμε σε βάζα και σφραγίζουμε.

5. Ζελέ σκόρδου ή ασκαλώνιου

Κάνει: 5 κιλά

ΣΥΣΤΑΤΙΚΑ:

- 3 oz (85 g) ψιλοκομμένο σκόρδο Ή ασκαλώνια
- 3 κιλά Ζάχαρη
- 24 ουγγιές (700 ml) Ξίδι από λευκό κρασί
- 16 ουγγιές (450 ml) Νερό ½ μπουκάλι υγρή πηκτίνη

ΟΔΗΓΙΕΣ:

a) Ανακατεύουμε το σκόρδο ή τα ασκαλώνια με ξύδι και σιγοβράζουμε απαλά, ακάλυπτα, σε μέτρια φωτιά για 15 λεπτά.

b) Αποσύρουμε από τη φωτιά και αδειάζουμε σε κατάλληλο γυάλινο βάζο ή κατσαρόλα: σκεπάζουμε και αφήνουμε σε θερμοκρασία δωματίου για 24 έως 36 ώρες.

c) Ρίξτε ξύδι μέσα από ένα συρμάτινο σουρωτήρι σε ένα μεγάλο τηγάνι, πιέζοντας το σκόρδο ή τα ασκαλώνια με το πίσω μέρος ενός κουταλιού για να πάρετε όσο το δυνατόν περισσότερα υγρά. στη συνέχεια πετάξτε τα υπολείμματα.

d) Προσθέστε νερό και ζάχαρη.

e) Φέρτε σε πλήρη βράση σε μέτρια δυνατή φωτιά.

f) Ανακατεύουμε σε υγρή πηκτίνη και αφήνουμε να πάρει βράση, ανακατεύοντας συνεχώς για 1 λεπτό.

g) Ξαφρίζουμε, αν χρειάζεται, τη κατσαρόλα και σκεπάζουμε.

6. Μαρμελάδα παντζάρι

Κάνει: 4½ κιλά

ΣΥΣΤΑΤΙΚΑ:

- 1¾ λίβρες (800g) ωμό παντζάρι (ή 1 λίβρα μαγειρεμένο
- 2¾ λίβρες (1,3 κιλά) Ζάχαρη
- ¾ πίντα (425 ml) Ξίδι
- 1 μπουκάλι υγρή πηκτίνη

ΟΔΗΓΙΕΣ:

a) Αν τα παντζάρια είναι ωμά, τα βράζετε, τα αφαιρείτε από τη φλούδα και τα ψιλοκόβετε πολύ.

b) Μετρήστε τη ζάχαρη και το ξύδι σε μια μεγάλη κατσαρόλα και προσθέστε το έτοιμο παντζάρι.

c) Ανακατεύουμε καλά και ζεσταίνουμε αργά, ανακατεύοντας κατά διαστήματα, μέχρι να διαλυθεί η ζάχαρη.

d) Φέρνουμε σε πλήρη βράση και βράζουμε γρήγορα για 2 λεπτά.

e) Αποσύρουμε από τη φωτιά και ανακατεύουμε σε υγρή πηκτίνη.

f) Ανακατεύουμε και ξαφρίζουμε εναλλάξ για μόνο

g) 5 λεπτά, να κρυώσει ελαφρώς. Κατσαρόλα και σκεπάστε με τον συνηθισμένο τρόπο.

7. Μαρμελάδα κρεμμυδιού

Κάνει: Μαρμελάδα 2 κιλών

ΣΥΣΤΑΤΙΚΑ:

- 1 λίβρα 3 ουγκιές (600 g) Κρεμμύδια
- 1 λίβρα 9 oz (700 g) Ζάχαρη
- 1 ½ κουταλιά της σούπας (20 ml) Ελαιόλαδο
- 7 oz (20 g) φραγκοστάφυλα
- 7 oz (200 ml) ξύδι κρασιού
- 2 κουταλιές της σούπας (30 ml) Χυμός λεμονιού
- ¼ μπουκάλι υγρή πηκτίνη
- Μπαχαρικά (¼ κουταλάκι του γλυκού τζίντζερ και ¼ κουταλάκι του γλυκού μπαχάρι, ή για γεύση)

ΟΔΗΓΙΕΣ:

a) Κόβουμε το κρεμμύδι σε μικρές λωρίδες. Ζεσταίνουμε το λάδι και προσθέτουμε τα κρεμμύδια. Καλύψτε και μαγειρέψτε απαλά αποφεύγοντας να ροδίσει μέχρι το κρεμμύδι να γίνει διάφανο και τρυφερό (περίπου 15 - 20 λεπτά).

b) Προσθέστε τα φραγκοστάφυλα, το ξύδι από κρασί και το χυμό λεμονιού, ζεστάνετε μέχρι να βράσει, σκεπάστε και σιγοβράστε μέχρι να μαλακώσουν τα κόκκινα φραγκοστάφυλα και τα κρεμμύδια (20 λεπτά ή όσο χρειάζεται).

c) Προσθέτουμε τη ζάχαρη, ζεσταίνουμε μέχρι να βράσει και βράζουμε ΓΡΗΓΟΡΑ για 6 λεπτά. Προσθέστε ¼ μπουκάλι υγρή πηκτίνη, αφαιρέστε από τη φωτιά και δοκιμάστε ένα δείγμα για να τοποθετηθεί σε ένα δροσερό πιάτο. Βράζετε ξανά όσο χρειάζεται σε χρονικά διαστήματα 2-3 λεπτών έως ότου ένα δείγμα να δείξει ένα συγκεκριμένο δέρμα μετά από λίγα λεπτά στο πιάτο.

d) Αφήνουμε να κρυώσει για λίγα λεπτά, ανακατεύουμε και ψήνουμε με τον συνηθισμένο τρόπο, χρησιμοποιώντας καπάκια που αντέχουν στο ξύδι.

8. Γλυκιά μαρμελάδα τσίλι

Φτιάχνει: 4 βάζα

ΣΥΣΤΑΤΙΚΑ:

- 8 κόκκινες πιπεριές ξεσποριασμένες και χοντροκομμένες
- 10 κόκκινα τσίλι ψιλοκομμένα με τους σπόρους
- κομμάτι φρέσκου τζίντζερ σε μέγεθος δαχτύλου, ξεφλουδισμένο και ψιλοκομμένο
- 1 κιλό χρυσή ζάχαρη
- 8 σκελίδες σκόρδο καθαρισμένες
- 1¾ λίβρες (790 g) ντοματίνια κομμένα στη μέση, κομμένα στο κοτσάνι
- 250 ml ξύδι από κόκκινο κρασί
- 1 μπουκάλι υγρή πηκτίνη

ΟΔΗΓΙΕΣ:

a) Ρίξτε όλα τα υλικά εκτός από την υγρή πηκτίνη σε μια κατσαρόλα με βαρύ πάτο.

b) Αφήνουμε να πάρει βράση, χαμηλώνουμε τη φωτιά και σιγοβράζουμε για 50 λεπτά: αποσύρουμε από τη φωτιά.

c) Χρησιμοποιήστε ένα μίξερ για να ψιλοκόψετε τα υλικά , ξαναβάλτε τη στη φωτιά και αφήστε να πάρει μια γρήγορη βράση, ανακατεύοντας συχνά αφαιρώντας την αφρό που σχηματίζεται μέχρι να κολλήσει.

d) Ανακατεύουμε την Υγρή Πηκτίνη και βράζουμε για 5 λεπτά και μετά αφήνουμε να ξεκουραστεί για 5 λεπτά. Ρίξτε σε αποστειρωμένα βάζα. Βάλτε τα καπάκια και φυλάξτε σε ένα σκοτεινό ντουλάπι.

9. Μαρμελάδα πιπεριού

Κάνει: μαρμελάδα 3,5 κιλών

ΣΥΣΤΑΤΙΚΑ:

- 6-8 μεσαίου μεγέθους πιπεριές
- 2 ¾ λίβρες (1,25 κιλά) Ζάχαρη
- ½ πίντα (240 ml) ξύδι 1 μπουκάλι υγρή πηκτίνη

ΟΔΗΓΙΕΣ:

a) Για καλύτερο χρώμα χρησιμοποιήστε ίσες ποσότητες πράσινες και κόκκινες γλυκές πιπεριές. Για να ετοιμάσετε τις πιπεριές, κόψτε τις και πετάξτε τους σπόρους και στη συνέχεια ψιλοκόψτε τη σάρκα.

b) Μετρήστε τη ζάχαρη και το ξύδι σε ένα μεγάλο τηγάνι και προσθέστε

c) 14 oz (0,4 κιλά) από τις έτοιμες πιπεριές.

d) Ανακατεύουμε καλά και αφήνουμε να πάρει μια πλήρη βράση σε δυνατή φωτιά. Ανακατεύουμε συνεχώς πριν και όσο βράζει.

e) Βράζουμε γρήγορα για 2 λεπτά. Αποσύρουμε από τη φωτιά, ανακατεύουμε την Υγρή Πηκτίνη.

f) Αφήνουμε να κρυώσει για 5 λεπτά. Ξαφρίζουμε αν χρειάζεται.

g) Κατσαρόλα και σκεπάστε με τον συνηθισμένο τρόπο.

ΜΑΡΜΕΛΑΔΕΣ ΚΟΝΣΕΡΒΕΣ

10. Μια μαρμελάδα μήλο

Φτιάχνει: 5 (½-Pint) βάζα

ΣΥΣΤΑΤΙΚΑ:

- 2 μεγάλα μήλα, καθαρισμένα και τριμμένα
- 3 κουταλιές της σούπας εμφιαλωμένο χυμό λεμονιού
- 4 φλιτζάνια χυμό μήλου
- 3 κουταλιές της σούπας πηκτίνη χωρίς ζάχαρη
- 1 κουταλιά της σούπας θρυμματισμένη chile de árbol, ή αποξηραμένη τριμμένη κόκκινη πιπεριά
- ½ φλιτζάνι μέλι

ΟΔΗΓΙΕΣ:

a) Συνδυάστε τριμμένο μήλο και χυμό λεμονιού σε έναν ολλανδικό φούρνο 4 λίτρων από ανοξείδωτο ατσάλι ή εμαγιέ. Μαγειρέψτε, ανακατεύοντας συνεχώς, για 10 λεπτά ή μέχρι να μαλακώσει το μήλο.

b) Προσθέστε χυμό μήλου, πηκτίνη και θρυμματισμένο chile de árbol. Φέρτε το μείγμα σε πλήρη βράση που δεν μπορεί να ανακατευτεί, σε δυνατή φωτιά, ανακατεύοντας συνεχώς.

c) Προσθέστε μέλι. Επιστρέψτε το μείγμα σε πλήρη βρασμό. Βράζουμε δυνατά για 1 λεπτό, ανακατεύοντας συνεχώς. Αποσύρουμε από τη φωτιά. Αποβουτυρωμένος αφρός, εάν χρειάζεται.

d) Ρίξτε ζεστή μαρμελάδα σε ένα ζεστό βάζο, αφήνοντας ¼ ίντσας ελεύθερου χώρου. Αφαιρέστε τις φυσαλίδες αέρα. Σκουπίστε το χείλος του βάζου. Κεντρικό καπάκι στο βάζο. Εφαρμόστε τη ζώνη και προσαρμόστε την ώστε να σφίγγει τα δάχτυλα. Τοποθετήστε το βάζο σε ένα δοχείο με βραστό νερό. Επαναλάβετε μέχρι να γεμίσουν όλα τα βάζα.

e) Επεξεργαστείτε τα βάζα για 10 λεπτά, προσαρμόζοντας το υψόμετρο. Κλείστε τη φωτιά. αφαιρέστε το καπάκι και αφήστε τα βάζα να σταθούν για 5 λεπτά. Αφαιρέστε τα βάζα και κρυώστε.

11. <u>βαλσάμικο O nion</u>

Φτιάχνει: 5 (½-Pint) βάζα

ΣΥΣΤΑΤΙΚΑ:

- 2 κιλά κρεμμύδια, κομμένα σε κύβους
- ½ φλιτζάνι βαλσάμικο ξύδι
- ½ φλιτζάνι σιρόπι σφενδάμου
- 2 κουταλάκια του γλυκού αλεσμένο λευκό πιπέρι
- 1 φύλλο δάφνης
- 2 φλιτζάνια χυμό μήλου
- 3 κουταλιές της σούπας πηκτίνη χωρίς ζάχαρη
- ½ φλιτζάνι μέλι

ΟΔΗΓΙΕΣ:

a) Συνδυάστε τα πρώτα 6 συστατικά σε έναν ολλανδικό φούρνο 6 λίτρων από ανοξείδωτο ατσάλι ή εμαγιέ. Μαγειρέψτε σε μέτρια φωτιά για 15 λεπτά ή μέχρι τα κρεμμύδια να γίνουν ημιδιαφανή, ανακατεύοντας κατά διαστήματα.

b) Προσθέστε χυμό μήλου και πηκτίνη. Φέρτε το μείγμα σε πλήρη βράση που δεν μπορεί να ανακατευτεί, σε δυνατή φωτιά, ανακατεύοντας συνεχώς.

c) Προσθέστε το μέλι, ανακατεύοντας να διαλυθεί. Επιστρέψτε το μείγμα σε πλήρη βρασμό. Βράζουμε δυνατά για 1 λεπτό, ανακατεύοντας συνεχώς. Αποσύρουμε από τη φωτιά. Αφαιρέστε και πετάξτε το φύλλο δάφνης. Αποβουτυρωμένος αφρός, εάν χρειάζεται.

d) Ρίξτε ζεστή μαρμελάδα σε ένα ζεστό βάζο, αφήνοντας ¼ ίντσας ελεύθερου χώρου. Αφαιρέστε τις φυσαλίδες αέρα. Σκουπίστε το χείλος του βάζου. Κεντρικό καπάκι στο βάζο. Εφαρμόστε τη ζώνη και προσαρμόστε την ώστε να σφίγγει τα δάχτυλα. Τοποθετήστε το βάζο σε ένα δοχείο με βραστό νερό. Επαναλάβετε μέχρι να γεμίσουν όλα τα βάζα.

e) Επεξεργαστείτε τα βάζα για 15 λεπτά, προσαρμόζοντας το υψόμετρο. Κλείστε τη φωτιά. αφαιρέστε το καπάκι και αφήστε τα βάζα να σταθούν για 5 λεπτά. Αφαιρέστε τα βάζα και κρυώστε.

12. Μαρμελάδα βατόμουρου

Κάνει: 9 μισά πίντα

ΣΥΣΤΑΤΙΚΑ:

- 8 φλιτζάνια φρέσκα βατόμουρα
- 6 φλιτζάνια μέλι
- 3 κουταλιές της σούπας χυμό λεμονιού
- 2 κουταλάκια του γλυκού αλεσμένη κανέλα
- 2 κουταλάκια του γλυκού ξύσμα λεμονιού τριμμένο
- ½ κουταλάκι του γλυκού αλεσμένο μοσχοκάρυδο
- 6 ουγγιές υγρής πηκτίνης φρούτων χωρίς ζάχαρη

ΟΔΗΓΙΕΣ:

a) Τοποθετήστε τα βατόμουρα σε έναν επεξεργαστή τροφίμων. καλύψτε και χτυπήστε μέχρι να ομογενοποιηθούν σχεδόν πλήρως.

b) Μεταφορά σε απόθεμα. Προσθέστε το μέλι, το χυμό λεμονιού, την κανέλα, το ξύσμα λεμονιού και το μοσχοκάρυδο. Φέρτε σε πλήρη βρασμό σε δυνατή φωτιά, ανακατεύοντας συνεχώς. Προσθέστε πηκτίνη.

c) Βράζουμε για 1 λεπτό ανακατεύοντας συνεχώς.

d) Αποσύρουμε από τη φωτιά? αφαιρέστε τον αφρό. Τοποθετήστε το ζεστό μείγμα σε ζεστά αποστειρωμένα βάζα μισού πίντας, αφήνοντας ¼ ίντσας ελεύθερου χώρου.

e) Αφαιρέστε τις φυσαλίδες αέρα. σκουπίστε τις ζάντες και ρυθμίστε τα καπάκια. Επεξεργαστείτε για 10 λεπτά σε κονσέρβα με βραστό νερό.

13. Μαρμελάδα βατόμουρο

Κάνει: 6 μισά πίντα

ΣΥΣΤΑΤΙΚΑ:

- 3½ λίβρα φρέσκα σμέουρα , θρυμματισμένα
- ½ φλιτζάνι φρέσκο χυμό λεμονιού
- 4 κουταλιές της σούπας πηκτίνη χωρίς ζάχαρη
- 1 ½ φλιτζάνι μέλι

ΟΔΗΓΙΕΣ:

a) Τοποθετήστε τα σμέουρα σε έναν ολλανδικό φούρνο.
b) Προσθέστε χυμό λεμονιού και πηκτίνη. Βράζουμε το μείγμα.
c) Ανακατέψτε, γλυκιά μου. Ζεσταίνουμε άλλο 1 λεπτό .
d) Γεμίστε σε ένα ζεστό βάζο , αφήνοντας ¼ ίντσας ελεύθερου χώρου. Απελευθερώστε τις φυσαλίδες αέρα και κεντράρετε το καπάκι .
e) Εφαρμόστε τη ζώνη και κάντε την να σφίγγει.
f) Τοποθετήστε το βάζο σε ένα δοχείο με βραστό νερό.
g) Διαδικασία για 10 λεπτά , λαμβάνοντας υπόψη το υψόμετρο.
h) Αφαιρέστε τα βάζα και κρυώστε.

14. S μαρμελάδα φράουλα-τεκίλα

Κάνει: 4 μισά πίντα

ΣΥΣΤΑΤΙΚΑ:

- 5 φλιτζάνια φρέσκες φράουλες ψιλοκομμένες , θρυμματισμένες
- ½ φλιτζάνι τεκίλα
- 5 κουταλιές της σούπας πηκτίνη χωρίς ζάχαρη
- 1 φλιτζάνι σιρόπι αγαύης

ΟΔΗΓΙΕΣ:

a) Συνδυάστε φράουλες και τεκίλα σε ολλανδικό φούρνο .
b) Προσθέστε πηκτίνη .
c) Βράζουμε το μείγμα.
d) Ανακατεύουμε με το σιρόπι αγαύης. Ζεσταίνουμε άλλο 1 λεπτό
.
e) Γεμίστε σε ένα ζεστό βάζο , αφήνοντας ¼ ίντσας ελεύθερου χώρου. Απελευθερώστε τις φυσαλίδες αέρα και κεντράρετε το καπάκι . Εφαρμόστε τη ζώνη και κάντε την να σφίγγει. Βάλτε το βάζο στην κονσέρβα με βραστό νερό.
f) Διαδικασία για 10 λεπτά , λαμβάνοντας υπόψη το υψόμετρο.
g) Αφαιρέστε τα βάζα και κρυώστε.

15. Μέντα-Ανανάς Ja m

Φτιάχνει: 10 βάζα μισής πίντας

ΣΥΣΤΑΤΙΚΑ:

- Ένα κουτάκι 20 ουγκιών θρυμματισμένο ανανά
- ¾ φλιτζάνι νερό
- ¼ φλιτζάνι χυμό λεμονιού
- 7 ½ φλιτζάνια μέλι
- 10 κουταλιές της σούπας πηκτίνη χωρίς ζάχαρη
- ½ κουταλάκι του γλυκού εκχύλισμα μέντας
- Λίγες σταγόνες πράσινου χρωματισμού

ΟΔΗΓΙΕΣ:

a) Τοποθετήστε τον θρυμματισμένο ανανά σε ένα μπρίκι. Προσθέστε νερό, χυμό λεμονιού και μέλι. Ανακατέψτε καλά.

b) Τοποθετούμε σε δυνατή φωτιά και ανακατεύουμε συνεχώς, αφήνουμε γρήγορα να πάρει μια πλήρη βράση με φυσαλίδες σε όλη την επιφάνεια.

c) Βράζουμε δυνατά για 1 λεπτό, ανακατεύοντας συνεχώς.

d) Αφαιρέστε από τη φωτιά? προσθέστε πηκτίνη, εκχύλισμα γεύσης και χρωματισμό. Ξαφρίζω.

e) Ρίξτε αμέσως σε ζεστά, αποστειρωμένα βάζα κονσερβοποίησης, αφήνοντας ¼ ίντσας ελεύθερου χώρου.

f) Σφραγίστε και επεξεργαστείτε για 5 λεπτά σε λουτρό βραστό νερό.

16. Μαρμελάδα φράουλα-ραβέντι

Φτιάχνει: ΠΕΡΙΠΟΥ 6 (½-PT./250-ML) ΒΑΖΑ

ΣΥΣΤΑΤΙΚΑ:

- 4 ½ φλιτζάνια (1,1 λίτρο) φρέσκο ραβέντι μισής ίντσας (0,5 cm) σε φέτες
- ½ φλιτζάνι (125 mL) φρέσκος χυμός πορτοκαλιού (περίπου 2 έως 3 μεγάλα πορτοκάλια)
- 4 φλιτζάνια ώριμες φρέσκες φράουλες
- 5 φλιτζάνια (1,25 L) ζάχαρη
- 1 (3-ουγγιές/88,5-mL) σακουλάκι Υγρή Πηκτίνη

ΟΔΗΓΙΕΣ:

a) Συνδυάστε ραβέντι και χυμό πορτοκαλιού σε μια κατσαρόλα 3 λίτρων από ανοξείδωτο χάλυβα. Σκεπάζουμε και αφήνουμε να πάρει μια βράση σε μέτρια προς δυνατή φωτιά. Ξεσκεπάστε, μειώστε τη φωτιά και σιγοβράστε, ανακατεύοντας συχνά, για 5 λεπτά ή μέχρι να μαλακώσει το ραβέντι.

b) Πλύνετε τις φράουλες? αφαιρέστε και πετάξτε τα στελέχη και τη γάστρα. Πολτοποιήστε τις φράουλες με έναν πουρέ πατάτας μέχρι να θρυμματιστούν ομοιόμορφα.

c) Μετρήστε 2 φλιτζάνια μαγειρεμένο ραβέντι και 1¾ φλιτζάνια (425 mL) πολτοποιημένες φράουλες σε έναν ολλανδικό φούρνο 6 λίτρων από ανοξείδωτο χάλυβα ή εμαγιέ. Ανακατεύουμε με τη ζάχαρη. Φέρτε το μείγμα σε πλήρη βράση που δεν μπορεί να ανακατευτεί, σε δυνατή φωτιά, ανακατεύοντας συχνά.

d) Προσθέστε πηκτίνη, συμπιέζοντας αμέσως ολόκληρο το περιεχόμενο από τη θήκη. Συνεχίζουμε το βράσιμο για 1 λεπτό, ανακατεύοντας συνεχώς. Αποσύρουμε από τη φωτιά. Αποβουτυρωμένος αφρός, εάν χρειάζεται.

e) Ρίξτε ζεστή μαρμελάδα σε ένα ζεστό βάζο, αφήνοντας ελεύθερο χώρο ¼ ίντσας (0,5 cm). Αφαιρέστε τις φυσαλίδες αέρα. Σκουπίστε το χείλος του βάζου. Κεντρικό καπάκι στο βάζο. Εφαρμόστε κορδέλα και προσαρμόστε ώστε να σφίγγει τα δάχτυλα. Τοποθετήστε το βάζο σε κονσέρβα με βραστό νερό. Επαναλάβετε μέχρι να γεμίσουν όλα τα βάζα.

f) Επεξεργαστείτε τα βάζα για 10 λεπτά, προσαρμόζοντας το υψόμετρο. Απενεργοποιήστε τη θερμότητα. αφαιρέστε το καπάκι και αφήστε τα βάζα να σταθούν για 5 λεπτά. Αφαιρέστε τα βάζα και κρυώστε.

17. Μαρμελάδα νεκταρίνι και βύσσινο

Φτιάχνει: ΠΕΡΙΠΟΥ 7 (½-PT./250-ML) ΒΑΖΑ

ΣΥΣΤΑΤΙΚΑ:

- 1½ λίβρα (750 g) νεκταρίνια, χωρίς κουκούτσι και ψιλοκομμένα
- 2 φλιτζάνια τάρτα κεράσια χωρίς κουκούτσι
- 6 κουταλιές της σούπας Κλασική Πηκτίνη
- 2 κουταλιές της σούπας εμφιαλωμένο χυμό λεμονιού
- 6 φλιτζάνια (1,5 L) ζάχαρη

ΟΔΗΓΙΕΣ:

a) Συνδυάστε τα πρώτα 4 συστατικά σε έναν ολλανδικό φούρνο 4 λίτρων (4 λίτρων) από ανοξείδωτο χάλυβα ή εμαγιέ. Φέρτε το μείγμα σε πλήρη βράση που δεν μπορεί να ανακατευτεί, σε δυνατή φωτιά, ανακατεύοντας συνεχώς.

b) Προσθέστε τη ζάχαρη, ανακατεύοντας να διαλυθεί. Επιστρέψτε το μείγμα σε πλήρη βρασμό. Βράζουμε δυνατά για 1 λεπτό, ανακατεύοντας συνεχώς. Αποσύρουμε από τη φωτιά. Αποβουτυρωμένος αφρός, εάν χρειάζεται.

c) Ρίξτε ζεστή μαρμελάδα σε ένα ζεστό βάζο, αφήνοντας ελεύθερο χώρο ¼ ίντσας (0,5 cm). Αφαιρέστε τις φυσαλίδες αέρα. Σκουπίστε το χείλος του βάζου. Κεντρικό καπάκι στο βάζο. Εφαρμόστε κορδέλα και προσαρμόστε ώστε να σφίγγει τα δάχτυλα. Τοποθετήστε το βάζο σε κονσέρβα με βραστό νερό. Επαναλάβετε μέχρι να γεμίσουν όλα τα βάζα.

d) Επεξεργαστείτε τα βάζα για 10 λεπτά, προσαρμόζοντας το υψόμετρο. Απενεργοποιήστε τη θερμότητα. αφαιρέστε το καπάκι και αφήστε τα βάζα να σταθούν για 5 λεπτά. Αφαιρέστε τα βάζα και κρυώστε.

18. Μαρμελάδα αγαύης φράουλα-τεκίλα με χαμηλή περιεκτικότητα σε ζάχαρη

Φτιάχνει: ΠΕΡΙΠΟΥ 4 (½-PT./250 ML) Βάζα

ΣΥΣΤΑΤΙΚΑ:

- 5 φλιτζάνια (1,25 L) ψιλοκομμένες φρέσκες φράουλες
- ½ φλιτζάνι (125 mL) τεκίλα
- 5 κουταλιές της σούπας (75 mL) Πηκτίνη με χαμηλή ή χωρίς ζάχαρη
- 1 φλιτζάνι (250 mL) σιρόπι αγαύης

ΟΔΗΓΙΕΣ:

a) Συνδυάστε τα πρώτα 2 συστατικά σε έναν ολλανδικό φούρνο 4 λίτρων (4 λίτρων) από ανοξείδωτο χάλυβα ή εμαγιέ. Θρυμματίστε τα μούρα με έναν πουρέ πατάτας.

b) Προσθέστε πηκτίνη. Φέρτε το μείγμα σε πλήρη βράση που δεν μπορεί να ανακατευτεί, σε δυνατή φωτιά, ανακατεύοντας συνεχώς.

c) Ανακατεύουμε με το σιρόπι αγαύης. Επιστρέψτε το μείγμα σε πλήρη βρασμό. Βράζουμε δυνατά για 1 λεπτό, ανακατεύοντας συνεχώς. Αποσύρουμε από τη φωτιά. Αποβουτυρωμένος αφρός, εάν χρειάζεται.

d) Ρίξτε ζεστή μαρμελάδα σε ένα ζεστό βάζο, αφήνοντας ελεύθερο χώρο ¼ ίντσας (0,5 cm). Αφαιρέστε τις φυσαλίδες αέρα. Σκουπίστε το χείλος του βάζου. Κεντρικό καπάκι στο βάζο. Εφαρμόστε κορδέλα και προσαρμόστε ώστε να σφίγγει τα δάχτυλα. Τοποθετήστε το βάζο σε κονσέρβα με βραστό νερό. Επαναλάβετε μέχρι να γεμίσουν όλα τα βάζα.

e) Επεξεργαστείτε τα βάζα για 10 λεπτά, προσαρμόζοντας το υψόμετρο. Απενεργοποιήστε τη θερμότητα. αφαιρέστε το καπάκι και αφήστε τα βάζα να σταθούν για 5 λεπτά. Αφαιρέστε τα βάζα και κρυώστε.

19. Μαρμελάδα σοκολάτα-κεράσι

Φτιάχνει: ΠΕΡΙΠΟΥ 6 (½-PT./250-ML) ΒΑΖΑ

ΣΥΣΤΑΤΙΚΑ:

- 6 φλιτζάνια (1,5 L) φρέσκα ή κατεψυγμένα σκούρα, γλυκά κεράσια χωρίς κουκούτσι, χοντροκομμένα
- 6 κουταλιές της σούπας Κλασική Πηκτίνη
- ¼ φλιτζάνι (60 mL) εμφιαλωμένο χυμό λεμονιού
- 6 φλιτζάνια (1,5 L) ζάχαρη
- ⅔ φλιτζάνι (150 mL) κακάο χωρίς ζάχαρη

ΟΔΗΓΙΕΣ:

a) Συνδυάστε τα πρώτα 3 συστατικά σε έναν ολλανδικό φούρνο 4 λίτρων (4 λίτρων) από ανοξείδωτο χάλυβα ή εμαγιέ. Φέρτε το μείγμα σε πλήρη βράση που δεν μπορεί να ανακατευτεί, σε δυνατή φωτιά, ανακατεύοντας συνεχώς.

b) Εν τω μεταξύ, ανακατέψτε τη ζάχαρη και το κακάο μέχρι να ομογενοποιηθούν. προσθέστε όλα με τη μία στο μείγμα κεράσι που βράζει. Επιστρέψτε το μείγμα σε πλήρη βρασμό. Βράζουμε δυνατά για 1 λεπτό, ανακατεύοντας συνεχώς. Αποσύρουμε από τη φωτιά. Αποβουτυρωμένος αφρός, εάν χρειάζεται.

c) Ρίξτε ζεστή μαρμελάδα σε ένα ζεστό βάζο, αφήνοντας ελεύθερο χώρο ¼ ίντσας (0,5 cm). Αφαιρέστε τις φυσαλίδες αέρα. Σκουπίστε το χείλος του βάζου. Κεντρικό καπάκι στο βάζο. Εφαρμόστε κορδέλα και προσαρμόστε ώστε να σφίγγει τα δάχτυλα. Τοποθετήστε το βάζο σε κονσέρβα με βραστό νερό. Επαναλάβετε μέχρι να γεμίσουν όλα τα βάζα.

d) Επεξεργαστείτε τα βάζα για 10 λεπτά, προσαρμόζοντας το υψόμετρο. Απενεργοποιήστε τη θερμότητα. αφαιρέστε το καπάκι και αφήστε τα βάζα να σταθούν για 5 λεπτά. Αφαιρέστε τα βάζα και κρυώστε.

20. Μαρμελάδα πορτοκάλι-μπανάνα

Φτιάχνει: ΠΕΡΙΠΟΥ 5 (½-PT./250-ML) Βάζα

ΣΥΣΤΑΤΙΚΑ:

- 2 φλιτζάνια φρέσκο χυμό πορτοκαλιού με πελτέ (περίπου 8 πορτοκάλια)
- 1 φλιτζάνι (250 mL) μέλι
- 3 κουταλιές της σούπας (45 mL) εμφιαλωμένο χυμό λεμονιού
- 2 λίβρες (1 κιλό) πολύ ώριμες μπανάνες, καθαρισμένες και ψιλοκομμένες
- 1 φασόλι βανίλιας, χωρισμένο

ΟΔΗΓΙΕΣ:

a) Συνδυάστε τα πρώτα 4 συστατικά σε έναν ολλανδικό φούρνο 4 λίτρων (4 λίτρων) από ανοξείδωτο χάλυβα ή εμαγιέ. Ξύστε τους σπόρους από φασόλια βανίλιας. προσθέστε στο μείγμα μπανάνας. Μαγειρέψτε, ανακατεύοντας συχνά, σε μέτρια φωτιά για περίπου 25 λεπτά μέχρι να σχηματιστεί πηκτή.

b) Ρίξτε ζεστή μαρμελάδα σε ένα ζεστό βάζο, αφήνοντας ελεύθερο χώρο ¼ ίντσας (0,5 cm). Αφαιρέστε τις φυσαλίδες αέρα. Σκουπίστε το χείλος του βάζου. Κεντρικό καπάκι στο βάζο. Εφαρμόστε κορδέλα και προσαρμόστε ώστε να σφίγγει τα δάχτυλα. Τοποθετήστε το βάζο σε κονσέρβα με βραστό νερό. Επαναλάβετε μέχρι να γεμίσουν όλα τα βάζα.

c) Επεξεργαστείτε τα βάζα για 15 λεπτά, προσαρμόζοντας το υψόμετρο. Απενεργοποιήστε τη θερμότητα. αφαιρέστε το καπάκι και αφήστε τα βάζα να σταθούν για 5 λεπτά. Αφαιρέστε τα βάζα και κρυώστε.

21. Μαρμελάδα βερίκοκο-λεβάντα

Φτιάχνει: ΠΕΡΙΠΟΥ 6 (½-PT./250-ML) ΒΑΖΑ

ΣΥΣΤΑΤΙΚΑ:

- 4 κουταλάκια του γλυκού (20 mL) αποξηραμένα μπουμπούκια λεβάντας
- Τυρόπανο
- Κορδόνι κουζίνας
- 3 λίβρες βερίκοκα, χωρίς τα κουκούτσια και ψιλοκομμένα (περίπου 6 φλιτζάνια/1,5 λίτρο)
- 4 κούπες ζάχαρη
- 3 κουταλιές της σούπας (45 mL) εμφιαλωμένο χυμό λεμονιού

ΟΔΗΓΙΕΣ:

a) Τοποθετήστε τα μπουμπούκια λεβάντας σε ένα τετράγωνο 4 ιντσών (10 cm) από τυρόπανο. δέσιμο με κορδόνι κουζίνας.

b) Τοποθετήστε τα βερίκοκα σε ένα μεγάλο μπολ. πολτοποιήστε με έναν πουρέ πατάτας μέχρι να θρυμματιστούν. Προσθέστε ζάχαρη και χυμό λεμονιού. προσθέστε τυρόσακο, ανακατεύοντας μέχρι να υγρανθεί. Καλύψτε και ψύξτε για 4 ώρες ή όλη τη νύχτα.

c) Ρίξτε το μείγμα βερίκοκων σε έναν ολλανδικό φούρνο 6 λίτρων από ανοξείδωτο χάλυβα ή εμαγιέ. Αφήνουμε να πάρει βράση σε μέτρια φωτιά, ανακατεύοντας μέχρι να διαλυθεί η ζάχαρη. Αυξήστε τη θερμότητα σε μέτρια προς υψηλή. Μαγειρέψτε, ανακατεύοντας συνεχώς, για 45 λεπτά ή μέχρι να πήξει το μείγμα και ένα θερμόμετρο καραμέλας καταγράψει τους 220°F (104°C). Αποσύρουμε από τη φωτιά. Αφαιρέστε και πετάξτε την τυρόπανη σακούλα.

d) Ρίξτε ζεστή μαρμελάδα σε ένα ζεστό βάζο, αφήνοντας ελεύθερο χώρο ¼ ίντσας (0,5 cm). Αφαιρέστε τις φυσαλίδες αέρα. Σκουπίστε το χείλος του βάζου. Κεντρικό καπάκι στο βάζο. Εφαρμόστε κορδέλα και προσαρμόστε ώστε να σφίγγει τα δάχτυλα. Τοποθετήστε το βάζο σε κονσέρβα με βραστό νερό. Επαναλάβετε μέχρι να γεμίσουν όλα τα βάζα.

e) Επεξεργαστείτε τα βάζα για 10 λεπτά, προσαρμόζοντας το υψόμετρο. Απενεργοποιήστε τη θερμότητα. αφαιρέστε το καπάκι

και αφήστε τα βάζα να σταθούν για 5 λεπτά. Αφαιρέστε τα βάζα και κρυώστε.

22. Μαρμελάδα σύκο και αχλάδι

Φτιάχνει: ΠΕΡΙΠΟΥ 4 (½-PT./250 ML) Βάζα

ΣΥΣΤΑΤΙΚΑ:

- 2 φλιτζάνια (250 mL) ψιλοκομμένα αχλάδια
- 2 φλιτζάνια (250 mL) ψιλοκομμένα φρέσκα σύκα
- 4 κουταλιές της σούπας (60 mL) Classic Pectin
- 2 κουταλιές της σούπας εμφιαλωμένο χυμό λεμονιού
- 1 κουταλιά της σούπας (15 mL) νερό
- 3 φλιτζάνια (750 mL) ζάχαρη

ΟΔΗΓΙΕΣ:

a) Συνδυάστε όλα τα συστατικά, εκτός από τη ζάχαρη, σε έναν ολλανδικό φούρνο 4 λίτρων (4 λίτρα) από ανοξείδωτο χάλυβα ή εμαγιέ. Φέρτε το μείγμα σε πλήρη βράση που δεν μπορεί να ανακατευτεί, σε δυνατή φωτιά, ανακατεύοντας συνεχώς.

b) Προσθέστε τη ζάχαρη, ανακατεύοντας να διαλυθεί. Επιστρέψτε το μείγμα σε πλήρη βρασμό. Βράζουμε δυνατά για 1 λεπτό, ανακατεύοντας συνεχώς. Αποσύρουμε από τη φωτιά. Αποβουτυρωμένος αφρός, εάν χρειάζεται.

c) Ρίξτε ζεστή μαρμελάδα σε ένα ζεστό βάζο, αφήνοντας ελεύθερο χώρο ¼ ίντσας (0,5 cm). Σκουπίστε το χείλος του βάζου. Κεντρικό καπάκι στο βάζο. Εφαρμόστε κορδέλα και προσαρμόστε ώστε να σφίγγει τα δάχτυλα. Τοποθετήστε το βάζο σε κονσέρβα με βραστό νερό. Επαναλάβετε μέχρι να γεμίσουν όλα τα βάζα.

d) Επεξεργαστείτε τα βάζα για 10 λεπτά, προσαρμόζοντας το υψόμετρο. Απενεργοποιήστε τη θερμότητα. αφαιρέστε το καπάκι και αφήστε τα βάζα να σταθούν για 5 λεπτά. Αφαιρέστε τα βάζα και κρυώστε.

23. Μαρμελάδα σύκο, δεντρολίβανο και κόκκινο κρασί

Φτιάχνει: ΠΕΡΙΠΟΥ 4 (½-PT./250-ML) ΒΑΖΑ

ΣΥΣΤΑΤΙΚΑ:

- 1 ½ φλιτζάνι (375 mL) Merlot ή άλλο φρουτώδες κόκκινο κρασί
- 2 κουταλιές της σούπας φύλλα φρέσκου δεντρολίβανου
- 2 φλιτζάνια φρέσκα σύκα ψιλοκομμένα
- 3 κουταλιές της σούπας (45 mL) Classic Pectin
- 2 κουταλιές της σούπας εμφιαλωμένο χυμό λεμονιού
- 2 ½ φλιτζάνια (625 mL) ζάχαρη

ΟΔΗΓΙΕΣ:

a) Φέρτε το κρασί και το δεντρολίβανο να σιγοβράσουν σε μια μικρή κατσαρόλα από ανοξείδωτο χάλυβα ή εμαγιέ. Απενεργοποιήστε τη θερμότητα. σκεπάζουμε και αφήνουμε απότομα 30 λεπτά.

b) Ρίξτε το κρασί μέσα από ένα λεπτό σουρωτήρι με συρμάτινο πλέγμα σε μια κατσαρόλα 4 λίτρων (4 λίτρων) από ανοξείδωτο χάλυβα ή εμαγιέ. Πετάξτε το δεντρολίβανο. Προσθέστε σύκα, πηκτίνη και χυμό λεμονιού. Φέρτε το μείγμα σε πλήρη βράση που δεν μπορεί να ανακατευτεί, σε δυνατή φωτιά, ανακατεύοντας συνεχώς.

c) Προσθέστε τη ζάχαρη, ανακατεύοντας να διαλυθεί. Επιστρέψτε το μείγμα σε πλήρη βρασμό. Βράζουμε δυνατά για 1 λεπτό, ανακατεύοντας συνεχώς. Αποσύρουμε από τη φωτιά. Αποβουτυρωμένος αφρός, εάν χρειάζεται.

d) Ρίξτε ζεστή μαρμελάδα σε ένα ζεστό βάζο, αφήνοντας ελεύθερο χώρο ¼ ίντσας (0,5 cm). Αφαιρέστε τις φυσαλίδες αέρα. Σκουπίστε το χείλος του βάζου. Κεντρικό καπάκι στο βάζο. Εφαρμόστε κορδέλα και προσαρμόστε ώστε να σφίγγει τα δάχτυλα. Τοποθετήστε το βάζο σε κονσέρβα με βραστό νερό. Επαναλάβετε μέχρι να γεμίσουν όλα τα βάζα.

e) Επεξεργαστείτε τα βάζα για 10 λεπτά, προσαρμόζοντας το υψόμετρο. Απενεργοποιήστε τη θερμότητα. αφαιρέστε το καπάκι και αφήστε τα βάζα να σταθούν για 5 λεπτά. Αφαιρέστε τα βάζα και κρυώστε.

24. Μαρμελάδα πεπόνι

Φτιάχνει: ΠΕΡΙΠΟΥ 5 (½-PT./250-ML) Βάζα

ΣΥΣΤΑΤΙΚΑ:

- 14 φλιτζάνια (3,5 λίτρα) πεπόνι 1 ίντσας (1 εκ.) ή άλλους κύβους πεπονιού με σάρκα πορτοκαλιού (περίπου 2 μεγάλα πεπόνια)
- ¼ φλιτζάνι (60 mL) αλάτι kosher
- 4 κούπες ζάχαρη
- ¾ φλιτζάνι (175 mL) εμφιαλωμένο χυμό λεμονιού
- 1 κουταλιά της σούπας (15 mL) τριμμένοι κόκκοι ροζ πιπεριού (προαιρετικά)

ΟΔΗΓΙΕΣ:

a) Σε ένα μεγάλο μπολ ανακατεύουμε το πεπόνι και το αλάτι. Σκεπάζουμε και αφήνουμε να σταθεί 2 ώρες. Διοχετεύω; ξεπλύνετε με κρύο νερό. Διοχετεύω.

b) Ανακατέψτε μαζί το πεπόνι, τη ζάχαρη και το χυμό λεμονιού σε έναν ολλανδικό φούρνο από ανοξείδωτο ατσάλι 6 λίτρων ή εμαγιέ. Φέρτε σε βράση? χαμηλώστε τη φωτιά και σιγοβράστε, ακάλυπτα, για 20 λεπτά ή μέχρι να μαλακώσει το πεπόνι. Πολτοποιήστε τα κομμάτια πεπονιού με έναν πουρέ πατάτας. Σιγοβράζουμε, ακάλυπτα, ανακατεύοντας συχνά, περίπου 1 ώρα μέχρι να σχηματιστεί πηκτή. (Τα πεπόνια απελευθερώνουν πολύ νερό, επομένως ο χρόνος μαγειρέματος μπορεί να ποικίλλει.) Αποβουτυρώστε τον αφρό, εάν χρειάζεται, και, εάν θέλετε, ανακατέψτε με κόκκους πιπεριού.

c) Ρίξτε ζεστή μαρμελάδα σε ένα ζεστό βάζο, αφήνοντας ελεύθερο χώρο ¼ ίντσας (0,5 cm). Αφαιρέστε τις φυσαλίδες αέρα. Σκουπίστε το χείλος του βάζου. Κεντρικό καπάκι στο βάζο. Εφαρμόστε κορδέλα και προσαρμόστε ώστε να σφίγγει τα δάχτυλα. Τοποθετήστε το βάζο σε κονσέρβα με βραστό νερό. Επαναλάβετε μέχρι να γεμίσουν όλα τα βάζα.

d) Επεξεργαστείτε τα βάζα για 15 λεπτά, προσαρμόζοντας το υψόμετρο. Απενεργοποιήστε τη θερμότητα. αφαιρέστε το καπάκι και αφήστε τα βάζα να σταθούν για 5 λεπτά. Αφαιρέστε τα βάζα και κρυώστε.

25. Μαρμελάδα ροδάκινο-δεντρολίβανο

Φτιάχνει: ΠΕΡΙΠΟΥ 6 (½-PT./250 ML) Βάζα

ΣΥΣΤΑΤΙΚΑ:

- 2½ λίβρες (1,25 κιλά) φρέσκα ροδάκινα (5 μεγάλα)
- 1 κουταλάκι του γλυκού ξύσμα λάιμ
- 6 κουταλιές της σούπας Κλασική Πηκτίνη
- ¼ φλιτζάνι (60 mL) φρέσκος χυμός λάιμ (περίπου 3 λάιμ)
- 2 κλωναράκια δεντρολίβανου (4 ιντσών/10 εκ.).
- 5 φλιτζάνια (1,25 L) ζάχαρη

ΟΔΗΓΙΕΣ:

a) Καθαρίζουμε τα ροδάκινα με έναν αποφλοιωτή λαχανικών. Αφαιρούμε τα κουκούτσια και τα χοντροκόβουμε. Πολτοποιήστε με έναν πουρέ πατάτας μέχρι να θρυμματιστούν ομοιόμορφα. Μετρήστε 4 φλιτζάνια θρυμματισμένα ροδάκινα σε έναν ολλανδικό φούρνο 6 λίτρων από ανοξείδωτο χάλυβα ή εμαγιέ. Προσθέστε το ξύσμα λάιμ και τα επόμενα 3 υλικά.

b) Φέρτε το μείγμα σε πλήρη βράση που δεν μπορεί να ανακατευτεί, σε δυνατή φωτιά, ανακατεύοντας συνεχώς. Βράζουμε 1 λεπτό ανακατεύοντας συνεχώς.

c) Προσθέστε τη ζάχαρη, ανακατεύοντας να διαλυθεί. Επιστρέψτε το μείγμα σε πλήρη βρασμό. Βράζουμε δυνατά για 1 λεπτό, ανακατεύοντας συνεχώς. Αποσύρουμε από τη φωτιά. Αφαιρέστε και πετάξτε το δεντρολίβανο. Αποβουτυρωμένος αφρός, εάν χρειάζεται.

d) Ρίξτε ζεστή μαρμελάδα σε ένα ζεστό βάζο, αφήνοντας ελεύθερο χώρο ¼ ίντσας (0,5 cm). Αφαιρέστε τις φυσαλίδες αέρα. Σκουπίστε το χείλος του βάζου. Κεντρικό καπάκι στο βάζο. Εφαρμόστε κορδέλα και προσαρμόστε ώστε να σφίγγει τα δάχτυλα. Τοποθετήστε το βάζο σε κονσέρβα με βραστό νερό. Επαναλάβετε μέχρι να γεμίσουν όλα τα βάζα.

e) Επεξεργαστείτε τα βάζα για 10 λεπτά, προσαρμόζοντας το υψόμετρο. Απενεργοποιήστε τη θερμότητα. αφαιρέστε το καπάκι και αφήστε τα βάζα να σταθούν για 5 λεπτά. Αφαιρέστε τα βάζα και κρυώστε.

26. Μαρμελάδα μέλι-αχλάδι

Φτιάχνει: ΠΕΡΙΠΟΥ 5 (½-PT./250-ML) Βάζα

ΣΥΣΤΑΤΙΚΑ:

- 3¼ λίβρα σφιχτά, ώριμα αχλάδια
- ½ φλιτζάνι (125 mL) χυμός μήλου
- 1 κουταλιά της σούπας (15 mL) εμφιαλωμένο χυμό λεμονιού
- ½ κουταλάκι του γλυκού (2,5 mL) αλεσμένη κανέλα
- 1 κομμάτι φρέσκο τζίντζερ, ξεφλουδισμένο και ψιλοτριμμένο
- 6 κουταλιές της σούπας Πηκτίνη με χαμηλή ή χωρίς ζάχαρη
- ½ φλιτζάνι (125 mL) μέλι

ΟΔΗΓΙΕΣ:

a) Συνδυάστε τα πρώτα 5 συστατικά σε έναν ολλανδικό φούρνο 6 λίτρων από ανοξείδωτο χάλυβα ή εμαγιέ. Μαγειρέψτε, ξεσκέπαστο, σε μέτρια φωτιά για 15 λεπτά ή μέχρι να μαλακώσει το αχλάδι, ανακατεύοντας κατά διαστήματα. Πολτοποιήστε ελαφρά το μείγμα αχλαδιών με έναν πουρέ πατάτας, σπάζοντας μεγάλα κομμάτια.

b) Προσθέστε πηκτίνη. Φέρτε το μείγμα σε πλήρη βράση που δεν μπορεί να ανακατευτεί, σε δυνατή φωτιά, ανακατεύοντας συνεχώς.

c) Ανακατέψτε το μέλι. Επιστρέψτε το μείγμα σε πλήρη βρασμό. Βράζουμε δυνατά για 1 λεπτό, ανακατεύοντας συνεχώς. Αποσύρουμε από τη φωτιά. Αποβουτυρωμένος αφρός, εάν χρειάζεται.

d) Ρίξτε ζεστή μαρμελάδα σε ένα ζεστό βάζο, αφήνοντας ελεύθερο χώρο ¼ ίντσας (0,5 cm). Αφαιρέστε τις φυσαλίδες αέρα. Σκουπίστε το χείλος του βάζου. Κεντρικό καπάκι στο βάζο. Εφαρμόστε κορδέλα και προσαρμόστε ώστε να σφίγγει τα δάχτυλα. Τοποθετήστε το βάζο σε κονσέρβα με βραστό νερό. Επαναλάβετε μέχρι να γεμίσουν όλα τα βάζα.

e) Επεξεργαστείτε τα βάζα για 10 λεπτά, προσαρμόζοντας το υψόμετρο. Απενεργοποιήστε τη θερμότητα. αφαιρέστε το καπάκι

και αφήστε τα βάζα να σταθούν για 5 λεπτά. Αφαιρέστε τα βάζα και κρυώστε.

27. Μαρμελάδα μηλόπιτα

Φτιάχνει: ΠΕΡΙΠΟΥ 5 (½-PT./250-ML) Βάζα

ΣΥΣΤΑΤΙΚΑ:

- 6 φλιτζάνια (1,5 L) μήλο Granny Smith ξεφλουδισμένο σε κύβους (περίπου 6 μήλα)
- 2 φλιτζάνια χυμό μήλου ή μηλίτη μήλου
- 2 κουταλιές της σούπας εμφιαλωμένο χυμό λεμονιού
- 3 κουταλιές της σούπας (45 mL) Classic Pectin
- 1 κουταλάκι του γλυκού αλεσμένη κανέλα
- ½ κουταλάκι του γλυκού (2 mL) αλεσμένο μπαχάρι
- ¼ κουταλάκι του γλυκού (1 mL) αλεσμένο μοσχοκάρυδο
- 2 κούπες ζάχαρη

ΟΔΗΓΙΕΣ:

a) Βράστε τα πρώτα 3 συστατικά σε έναν ολλανδικό φούρνο 6 λίτρων από ανοξείδωτο χάλυβα ή εμαγιέ. χαμηλώστε τη φωτιά και σιγοβράστε, ακάλυπτα, για 10 λεπτά ή μέχρι να μαλακώσει το μήλο, ανακατεύοντας κατά διαστήματα.

b) Χτυπάμε την πηκτίνη και τα επόμενα 3 υλικά. Φέρτε το μείγμα σε πλήρη βράση που δεν μπορεί να ανακατευτεί, σε δυνατή φωτιά, ανακατεύοντας συνεχώς.

c) Προσθέστε τη ζάχαρη, ανακατεύοντας να διαλυθεί. Επιστρέψτε το μείγμα σε πλήρη βρασμό. Βράζουμε δυνατά για 1 λεπτό, ανακατεύοντας συνεχώς. Αποσύρουμε από τη φωτιά. Αποβουτυρωμένος αφρός, εάν χρειάζεται.

d) Ρίξτε ζεστή μαρμελάδα σε ένα ζεστό βάζο, αφήνοντας ελεύθερο χώρο ¼ ίντσας (0,5 cm). Αφαιρέστε τις φυσαλίδες αέρα. Σκουπίστε το χείλος του βάζου. Κεντρικό καπάκι στο βάζο. Εφαρμόστε κορδέλα και προσαρμόστε ώστε να σφίγγει τα δάχτυλα. Τοποθετήστε το βάζο σε κονσέρβα με βραστό νερό. Επαναλάβετε μέχρι να γεμίσουν όλα τα βάζα.

e) Επεξεργαστείτε τα βάζα για 10 λεπτά, προσαρμόζοντας το υψόμετρο. Απενεργοποιήστε τη θερμότητα. αφαιρέστε το καπάκι και αφήστε τα βάζα να σταθούν για 5 λεπτά. Αφαιρέστε τα βάζα και κρυώστε.

28. Μαρμελάδα ροδάκινο-μπουρμπόν

Φτιάχνει: ΠΕΡΙΠΟΥ 6 (½-PT./250-ML) ΒΑΖΑ

ΣΥΣΤΑΤΙΚΑ:

- 4 λίβρες (2 κιλά) φρέσκα ροδάκινα, ξεφλουδισμένα
- 6 κουταλιές της σούπας Κλασική Πηκτίνη
- ¼ φλιτζάνι (60 mL) εμφιαλωμένο χυμό λεμονιού
- ¼ φλιτζάνι (60 mL) μπέρμπον
- 2 κουταλιές της σούπας ψιλοκομμένο κρυσταλλωμένο τζίντζερ
- 7 φλιτζάνια (1,75 L) ζάχαρη

ΟΔΗΓΙΕΣ:

a) Κόβουμε και χοντροκόβουμε τα ροδάκινα. Μετρήστε 4 ½ φλιτζάνια (1,1 L) ψιλοκομμένα ροδάκινα σε έναν ανοξείδωτο ατσάλι 6 λίτρων ή ολλανδικό φούρνο με εμαγιέ και πολτοποιήστε με έναν πουρέ πατάτας μέχρι να θρυμματιστούν ομοιόμορφα. Προσθέστε πηκτίνη και τα επόμενα 3 συστατικά.

b) Φέρτε το μείγμα σε πλήρη βράση που δεν μπορεί να ανακατευτεί, σε δυνατή φωτιά, ανακατεύοντας συνεχώς.

c) Προσθέστε τη ζάχαρη, ανακατεύοντας να διαλυθεί. Επιστρέψτε το μείγμα σε πλήρη βρασμό. Βράζουμε δυνατά για 1 λεπτό, ανακατεύοντας συνεχώς. Αποσύρουμε από τη φωτιά. Αποβουτυρωμένος αφρός, εάν χρειάζεται.

d) Ρίξτε ζεστή μαρμελάδα σε ένα ζεστό βάζο, αφήνοντας ελεύθερο χώρο ¼ ίντσας (0,5 cm). Αφαιρέστε τις φυσαλίδες αέρα. Σκουπίστε το χείλος του βάζου. Κεντρικό καπάκι στο βάζο. Εφαρμόστε κορδέλα και προσαρμόστε ώστε να σφίγγει τα δάχτυλα. Τοποθετήστε το βάζο σε κονσέρβα με βραστό νερό. Επαναλάβετε μέχρι να γεμίσουν όλα τα βάζα.

e) Επεξεργαστείτε τα βάζα για 10 λεπτά, προσαρμόζοντας το υψόμετρο. Απενεργοποιήστε τη θερμότητα. αφαιρέστε το καπάκι και αφήστε τα βάζα να σταθούν για 5 λεπτά. Αφαιρέστε τα βάζα και κρυώστε.

29. Μαρμελάδα «λεμονάδας» βατόμουρου με χαμηλή περιεκτικότητα σε ζάχαρη

Φτιάχνει: ΠΕΡΙΠΟΥ 6 (½-PT./250-ML) ΒΑΖΑ

ΣΥΣΤΑΤΙΚΑ:

- 3½ λίβρες (1,6 κιλά) φρέσκα σμέουρα
- ½ φλιτζάνι (125 mL) φρέσκο χυμό λεμονιού (περίπου 5 λεμόνια)
- 4 κουταλιές της σούπας (60 mL) Πηκτίνη με χαμηλή ή χωρίς ζάχαρη
- 1 ½ φλιτζάνι (375 mL) μέλι

ΟΔΗΓΙΕΣ:

a) Τοποθετήστε τα σμέουρα σε έναν ολλανδικό φούρνο 6 λίτρων από ανοξείδωτο ατσάλι ή εμαγιέ. Θρυμματίστε τα σμέουρα με έναν πουρέ πατάτας.

b) Προσθέστε χυμό λεμονιού και πηκτίνη. Φέρτε το μείγμα σε πλήρη βράση που δεν μπορεί να ανακατευτεί, σε δυνατή φωτιά, ανακατεύοντας συνεχώς.

c) Ανακατέψτε το μέλι. Επιστρέψτε το μείγμα σε πλήρη βρασμό. Βράζουμε δυνατά για 1 λεπτό, ανακατεύοντας συνεχώς. Αποσύρουμε από τη φωτιά. Αποβουτυρωμένος αφρός, εάν χρειάζεται.

d) Ρίξτε ζεστή μαρμελάδα σε ένα ζεστό βάζο, αφήνοντας ελεύθερο χώρο ¼ ίντσας (0,5 mL). Αφαιρέστε τις φυσαλίδες αέρα. Σκουπίστε το χείλος του βάζου. Κεντρικό καπάκι στο βάζο. Εφαρμόστε κορδέλα και προσαρμόστε ώστε να σφίγγει τα δάχτυλα. Τοποθετήστε το βάζο σε κονσέρβα με βραστό νερό. Επαναλάβετε μέχρι να γεμίσουν όλα τα βάζα.

e) Επεξεργαστείτε τα βάζα για 10 λεπτά, προσαρμόζοντας το υψόμετρο. Απενεργοποιήστε τη θερμότητα. αφαιρέστε το καπάκι και αφήστε τα βάζα να σταθούν για 5 λεπτά. Αφαιρέστε τα βάζα και κρυώστε.

30. Μαρμελάδα ντομάτας-βότανο

Φτιάχνει: ΠΕΡΙΠΟΥ 4 (½-PT./250-ML) ΒΑΖΑ

ΣΥΣΤΑΤΙΚΑ:

- 6 λίβρες (3 κιλά) ντομάτες δαμάσκηνο, χωρίς πυρήνες και ψιλοκομμένες
- 1 κουταλάκι του γλυκού αλάτι
- ½ κουταλάκι του γλυκού (2 mL) φρεσκοτριμμένο μαύρο πιπέρι
- 3 σκελίδες σκόρδο, ψιλοκομμένες
- 2 φύλλα δάφνης
- 1 ½ φλιτζάνι (375 mL) ζάχαρη
- ½ φλιτζάνι (125 mL) ξύδι βαλσάμικο
- ¼ φλιτζάνι (60 mL) ξηρό λευκό κρασί
- 2 κουταλάκια του γλυκού (10 mL) βότανα της Προβηγκίας

ΟΔΗΓΙΕΣ:

a) Συνδυάστε τα πρώτα 5 συστατικά σε έναν ολλανδικό φούρνο 6 λίτρων από ανοξείδωτο χάλυβα ή εμαγιέ. Μαγειρέψτε, ξεσκέπαστο, σε μέτρια προς δυνατή φωτιά για 1 ώρα ή μέχρι να μειωθεί στο μισό, ανακατεύοντας συχνά.

b) Προσθέστε τη ζάχαρη και τα επόμενα 3 υλικά. Μαγειρέψτε, ξεσκέπαστο, σε μέτρια φωτιά για 45 λεπτά ή μέχρι να πήξει πολύ, ανακατεύοντας κατά διαστήματα. Αφαιρέστε και πετάξτε τα φύλλα δάφνης.

c) Ρίξτε τη ζεστή μαρμελάδα σε ένα ζεστό βάζο, αφήνοντας ελεύθερο χώρο ¼ ίντσας (0,5 mL). Αφαιρέστε τις φυσαλίδες αέρα. Σκουπίστε το χείλος του βάζου. Κεντρικό καπάκι στο βάζο. Εφαρμόστε κορδέλα και προσαρμόστε ώστε να σφίγγει τα δάχτυλα. Τοποθετήστε το βάζο σε κονσέρβα με βραστό νερό. Επαναλάβετε μέχρι να γεμίσουν όλα τα βάζα.

d) Επεξεργαστείτε τα βάζα για 10 λεπτά, προσαρμόζοντας το υψόμετρο. Απενεργοποιήστε τη θερμότητα. αφαιρέστε το καπάκι και αφήστε τα βάζα να σταθούν για 5 λεπτά. Αφαιρέστε τα βάζα και κρυώστε.

31. Μαρμελάδα κολοκυθάκια-ψωμί

Φτιάχνει: ΠΕΡΙΠΟΥ 4 (½-PT./250-ML) ΒΑΖΑ

ΣΥΣΤΑΤΙΚΑ:

- 4 φλιτζάνια κολοκυθάκια τριμμένα
- 1 φλιτζάνι (250 mL) χυμό μήλου
- 6 κουταλιές της σούπας Κλασική Πηκτίνη
- ¼ φλιτζάνι (60 mL) χρυσαφένιες σταφίδες
- 1 κουταλιά της σούπας (15 mL) εμφιαλωμένο χυμό λεμονιού
- 1 κουταλάκι του γλυκού αλεσμένη κανέλα
- ½ κουταλάκι του γλυκού (2 mL) αλεσμένο μοσχοκάρυδο
- 3 φλιτζάνια (750 mL) ζάχαρη

ΟΔΗΓΙΕΣ:

a) Συνδυάστε όλα τα υλικά, εκτός από τη ζάχαρη, σε έναν ολλανδικό φούρνο 6 λίτρων από ανοξείδωτο ατσάλι ή εμαγιέ. Φέρτε το μείγμα σε πλήρη βράση που δεν μπορεί να ανακατευτεί, σε δυνατή φωτιά, ανακατεύοντας συνεχώς.

b) Προσθέστε τη ζάχαρη, ανακατεύοντας να διαλυθεί. Επιστρέψτε το μείγμα σε πλήρη βρασμό. Βράζουμε δυνατά για 1 λεπτό, ανακατεύοντας συνεχώς. Αποσύρουμε από τη φωτιά. Αποβουτυρωμένος αφρός, εάν χρειάζεται.

c) Ρίξτε ζεστή μαρμελάδα σε ένα ζεστό βάζο, αφήνοντας ελεύθερο χώρο ¼ ίντσας (0,5 cm). Αφαιρέστε τις φυσαλίδες αέρα. Σκουπίστε το χείλος του βάζου. Κεντρικό καπάκι στο βάζο. Εφαρμόστε κορδέλα και προσαρμόστε ώστε να σφίγγει τα δάχτυλα. Τοποθετήστε το βάζο σε κονσέρβα με βραστό νερό. Επαναλάβετε μέχρι να γεμίσουν όλα τα βάζα.

d) Επεξεργαστείτε τα βάζα για 15 λεπτά, προσαρμόζοντας το υψόμετρο. Απενεργοποιήστε τη θερμότητα. αφαιρέστε το καπάκι και αφήστε τα βάζα να σταθούν για 5 λεπτά. Αφαιρέστε τα βάζα και κρυώστε.

32. Μαρμελάδα Berry-ale

Φτιάχνει: ΠΕΡΙΠΟΥ 6 (½-PT./250-ML) ΒΑΖΑ

ΣΥΣΤΑΤΙΚΑ:

- 2 φλιτζάνια σμέουρα, βατόμουρα ή φράουλες
- 2 μπουκάλια flat pale ale
- 6 κουταλιές της σούπας Κλασική Πηκτίνη
- 1 κουταλάκι του γλυκού ξύσμα λεμονιού
- 2 κουταλιές της σούπας φρέσκο χυμό λεμονιού
- 4 κούπες ζάχαρη

ΟΔΗΓΙΕΣ:

a) Τοποθετήστε τα μούρα σε έναν ολλανδικό φούρνο 6 λίτρων από ανοξείδωτο ατσάλι ή εμαγιέ. Θρυμματίστε τα μούρα με έναν πουρέ πατάτας. Ρίξτε μπύρα και τα επόμενα 3 υλικά. Φέρτε το μείγμα σε πλήρη βράση που δεν μπορεί να ανακατευτεί, σε δυνατή φωτιά, ανακατεύοντας συνεχώς.

b) Προσθέστε τη ζάχαρη, ανακατεύοντας να διαλυθεί. Επιστρέψτε το μείγμα σε πλήρη βρασμό. Βράζουμε δυνατά για 1 λεπτό, ανακατεύοντας συνεχώς. Αποσύρουμε από τη φωτιά. Αποβουτυρωμένος αφρός, εάν χρειάζεται.

c) Ρίξτε ζεστή μαρμελάδα σε ένα ζεστό βάζο, αφήνοντας ελεύθερο χώρο ¼ ίντσας (0,5 cm). Αφαιρέστε τις φυσαλίδες αέρα. Σκουπίστε το χείλος του βάζου. Κεντρικό καπάκι στο βάζο. Εφαρμόστε κορδέλα και προσαρμόστε ώστε να σφίγγει τα δάχτυλα. Τοποθετήστε το βάζο σε κονσέρβα με βραστό νερό. Επαναλάβετε μέχρι να γεμίσουν όλα τα βάζα.

d) Επεξεργαστείτε τα βάζα για 10 λεπτά, προσαρμόζοντας το υψόμετρο. Απενεργοποιήστε τη θερμότητα. αφαιρέστε το καπάκι και αφήστε τα βάζα να σταθούν για 5 λεπτά. Αφαιρέστε τα βάζα και κρυώστε.

33. Μαρμελάδα μήλο-τσίλι με χαμηλή περιεκτικότητα σε ζάχαρη

Φτιάχνει: ΠΕΡΙΠΟΥ 5 (½-PT./250-ML) Βάζα

ΣΥΣΤΑΤΙΚΑ:

- 2 μεγάλα μήλα (περίπου 8½ ουγγιές/480 γραμμάρια το καθένα), ξεφλουδισμένα και τριμμένα
- 3 κουταλιές της σούπας (45 mL) εμφιαλωμένο χυμό λεμονιού
- 4 φλιτζάνια χυμό μήλου
- 3 κουταλιές της σούπας (45 mL) Πηκτίνη με χαμηλή ή χωρίς ζάχαρη
- 1 κουταλιά της σούπας (15 mL) θρυμματισμένη chile de árbol, ή αποξηραμένη τριμμένη κόκκινη πιπεριά
- ½ φλιτζάνι (125 mL) ζάχαρη
- ½ φλιτζάνι (125 mL) μέλι

ΟΔΗΓΙΕΣ:

a) Συνδυάστε τριμμένο μήλο και χυμό λεμονιού σε έναν ολλανδικό φούρνο 4 λίτρων (4 λίτρων) από ανοξείδωτο χάλυβα ή εμαγιέ. Μαγειρέψτε, ανακατεύοντας συνεχώς, για 10 λεπτά ή μέχρι να μαλακώσει το μήλο.

b) Προσθέστε χυμό μήλου, πηκτίνη και θρυμματισμένο chile de árbol. Φέρτε το μείγμα σε πλήρη βράση που δεν μπορεί να ανακατευτεί, σε δυνατή φωτιά, ανακατεύοντας συνεχώς.

c) Προσθέστε τη ζάχαρη και το μέλι, ανακατεύοντας να διαλυθεί η ζάχαρη. Επιστρέψτε το μείγμα σε πλήρη βρασμό. Βράζουμε δυνατά για 1 λεπτό, ανακατεύοντας συνεχώς. Αποσύρουμε από τη φωτιά. Αποβουτυρωμένος αφρός, εάν χρειάζεται.

d) Ρίξτε ζεστή μαρμελάδα σε ένα ζεστό βάζο, αφήνοντας ελεύθερο χώρο ¼ ίντσας (0,5 cm). Αφαιρέστε τις φυσαλίδες αέρα. Σκουπίστε το χείλος του βάζου. Κεντρικό καπάκι στο βάζο. Εφαρμόστε κορδέλα και προσαρμόστε ώστε να σφίγγει τα δάχτυλα. Τοποθετήστε το βάζο σε κονσέρβα με βραστό νερό. Επαναλάβετε μέχρι να γεμίσουν όλα τα βάζα.

e) Επεξεργαστείτε τα βάζα για 10 λεπτά, προσαρμόζοντας το υψόμετρο. Απενεργοποιήστε τη θερμότητα. αφαιρέστε το καπάκι και αφήστε τα βάζα να σταθούν για 5 λεπτά. Αφαιρέστε τα βάζα και κρυώστε.

34. Μαρμελάδα βαλσάμικο-κρεμμύδι

Φτιάχνει: ΠΕΡΙΠΟΥ 5 (½-PT./250-ML) Βάζα

ΣΥΣΤΑΤΙΚΑ:

- 2 λίβρες (1 κιλό) κρεμμύδια, κομμένα σε κύβους
- ½ φλιτζάνι (125 mL) ξύδι βαλσάμικο
- ½ φλιτζάνι (125 mL) σιρόπι σφενδάμου
- 1 ½ κουταλάκι του γλυκού (7,5 mL) αλάτι
- 2 κουταλάκια του γλυκού (10 mL) αλεσμένο λευκό πιπέρι
- 1 φύλλο δάφνης
- 2 φλιτζάνια χυμό μήλου
- 3 κουταλιές της σούπας (45 mL) Πηκτίνη με χαμηλή ή χωρίς ζάχαρη
- ½ φλιτζάνι (125 mL) ζάχαρη

ΟΔΗΓΙΕΣ:

a) Συνδυάστε τα πρώτα 6 συστατικά σε έναν ολλανδικό φούρνο 6 λίτρων από ανοξείδωτο χάλυβα ή εμαγιέ. Μαγειρέψτε σε μέτρια φωτιά για 15 λεπτά ή μέχρι τα κρεμμύδια να γίνουν ημιδιαφανή, ανακατεύοντας κατά διαστήματα.

b) Προσθέστε χυμό μήλου και πηκτίνη. Φέρτε το μείγμα σε πλήρη βράση που δεν μπορεί να ανακατευτεί, σε δυνατή φωτιά, ανακατεύοντας συνεχώς.

c) Προσθέστε τη ζάχαρη, ανακατεύοντας να διαλυθεί. Επιστρέψτε το μείγμα σε πλήρη βρασμό. Βράζουμε δυνατά για 1 λεπτό, ανακατεύοντας συνεχώς. Αποσύρουμε από τη φωτιά. Αφαιρέστε και πετάξτε το φύλλο δάφνης. Αποβουτυρωμένος αφρός, εάν χρειάζεται.

d) Ρίξτε ζεστή μαρμελάδα σε ένα ζεστό βάζο, αφήνοντας ελεύθερο χώρο ¼ ίντσας (0,5 cm). Αφαιρέστε τις φυσαλίδες αέρα. Σκουπίστε το χείλος του βάζου. Κεντρικό καπάκι στο βάζο. Εφαρμόστε κορδέλα και προσαρμόστε ώστε να σφίγγει τα δάχτυλα. Τοποθετήστε το βάζο σε κονσέρβα με βραστό νερό. Επαναλάβετε μέχρι να γεμίσουν όλα τα βάζα.

e) Επεξεργαστείτε τα βάζα για 15 λεπτά, προσαρμόζοντας το υψόμετρο. Απενεργοποιήστε τη θερμότητα. αφαιρέστε το καπάκι

και αφήστε τα βάζα να σταθούν για 5 λεπτά. Αφαιρέστε τα βάζα και κρυώστε.

35. Μαρμελάδα μύρτιλο-λεμόνι

Φτιάχνει: ΠΕΡΙΠΟΥ 4 (½-PT./250-ML) ΒΑΖΑ

ΣΥΣΤΑΤΙΚΑ:

- 4 φλιτζάνια φρέσκα βατόμουρα
- 3 ½ φλιτζάνια (1,6 L) ζάχαρη
- 1 κουταλάκι του γλυκού ξύσμα λεμονιού
- 1 κουταλιά της σούπας (15 mL) φρέσκο χυμό λεμονιού
- 1 (3-ουγγιές/88,5-mL) σακουλάκι Υγρή Πηκτίνη

ΟΔΗΓΙΕΣ:

a) Πλένουμε, στραγγίζουμε και θρυμματίζουμε ελαφρά τα βατόμουρα με ένα κουτάλι (τόσο για να χωριστούν οι φλούδες). Μετρήστε 2 ½ φλιτζάνια (625 mL) θρυμματισμένα βατόμουρα σε έναν ολλανδικό φούρνο 6 λίτρων από ανοξείδωτο χάλυβα ή εμαγιέ.

b) Προσθέστε τη ζάχαρη και τα επόμενα 2 υλικά. Φέρτε το μείγμα σε πλήρη βράση που δεν μπορεί να ανακατευτεί, σε δυνατή φωτιά, ανακατεύοντας συνεχώς.

c) Προσθέστε πηκτίνη, συμπιέζοντας αμέσως ολόκληρο το περιεχόμενο από τη θήκη. Συνεχίζουμε το βράσιμο για 1 λεπτό, ανακατεύοντας συνεχώς. Αποσύρουμε από τη φωτιά. Αποβουτυρωμένος αφρός, εάν χρειάζεται.

d) Τοποθετήστε το ζεστό μείγμα σε ένα ζεστό βάζο, αφήνοντας ελεύθερο χώρο ¼ ίντσας (0,5 cm). Αφαιρέστε τις φυσαλίδες αέρα. Σκουπίστε το χείλος του βάζου. Κεντρικό καπάκι στο βάζο. Εφαρμόστε κορδέλα και προσαρμόστε ώστε να σφίγγει τα δάχτυλα. Τοποθετήστε το βάζο σε κονσέρβα με βραστό νερό. Επαναλάβετε μέχρι να γεμίσουν όλα τα βάζα.

e) Επεξεργαστείτε τα βάζα για 10 λεπτά, προσαρμόζοντας το υψόμετρο. Απενεργοποιήστε τη θερμότητα. αφαιρέστε το καπάκι και αφήστε τα βάζα να σταθούν για 5 λεπτά. Αφαιρέστε τα βάζα και κρυώστε.

36. Μαρμελάδα μήλου

ΣΥΣΤΑΤΙΚΑ:

- αχλάδια καθαρισμένα, ξεφλουδισμένα και ψιλοκομμένα
- μήλα καθαρισμένα, ξεφλουδισμένα και ψιλοκομμένα
- 6 ½ φλιτζάνια ζάχαρη
- ¼ κουταλάκι του γλυκού αλεσμένη κανέλα
- ⅓ φλιτζάνι εμφιαλωμένο χυμό λεμονιού
- 6 ουγγιές υγρή πηκτίνη

ΟΔΗΓΙΕΣ:

a) Θρυμματίζετε τα μήλα και τα αχλάδια σε μια μεγάλη κατσαρόλα και ανακατεύετε με την κανέλα.

b) Ανακατεύουμε καλά τη ζάχαρη και το χυμό λεμονιού με τα φρούτα και τα αφήνουμε να βράσουν σε δυνατή φωτιά, ανακατεύοντας συνεχώς. Ανακατέψτε αμέσως με πηκτίνη. Φέρνουμε σε πλήρη βράση και βράζουμε δυνατά για 1 λεπτό, ανακατεύοντας συνεχώς.

c) Αφαιρέστε από τη φωτιά, αφαιρέστε γρήγορα τον αφρό και γεμίστε τα αποστειρωμένα βάζα αφήνοντας ελεύθερο χώρο ¼ ίντσας. Σκουπίστε τα χείλη των βάζων με μια βρεγμένη καθαρή χαρτοπετσέτα.

d) Ρυθμίστε τα καπάκια και επεξεργαστείτε.

37. Ζελέ φράουλα-ραβέντι

ΣΥΣΤΑΤΙΚΑ:

- 1½ κιλό κόκκινα κοτσάνια ραβέντι
- 1½ λίτρο ώριμες φράουλες
- ½ κουταλάκι του γλυκού βούτυρο ή μαργαρίνη για να μειωθεί ο αφρισμός
- 6 φλιτζάνια ζάχαρη
- 6 ουγγιές υγρή πηκτίνη

ΟΔΗΓΙΕΣ:

a) Πλύνετε και κόψτε το ραβέντι σε κομμάτια 1 ίντσας και ανακατέψτε ή αλέστε. Πλένουμε, βάζουμε το μίσχο και θρυμματίζουμε τις φράουλες, μία στρώση τη φορά, σε μια κατσαρόλα.

b) Τοποθετήστε και τα δύο φρούτα σε μια σακούλα ζελέ ή διπλή στρώση τυρί και στύψτε απαλά το χυμό. Μετρήστε 3-½ φλιτζάνια χυμό σε μια μεγάλη κατσαρόλα. Προσθέστε το βούτυρο και τη ζάχαρη, ανακατεύοντας καλά στο χυμό.

c) Αφήνουμε να πάρει βράση σε δυνατή φωτιά, ανακατεύοντας συνεχώς. Ανακατέψτε αμέσως με πηκτίνη. Φέρνουμε σε πλήρη βράση και βράζουμε δυνατά για 1 λεπτό, ανακατεύοντας συνεχώς.

d) Αφαιρέστε από τη φωτιά, αφαιρέστε γρήγορα τον αφρό και γεμίστε τα αποστειρωμένα βάζα, αφήνοντας ελεύθερο χώρο ¼ ίντσας. Σκουπίστε τα χείλη των βάζων με μια βρεγμένη καθαρή χαρτοπετσέτα.

e) Ρυθμίστε τα καπάκια και επεξεργαστείτε.

38. Μαρμελάδα βατόμουρου-μπαχαρικών

ΣΥΣΤΑΤΙΚΑ:

- 2-½ πίντες ώριμα μύρτιλα
- 1 κουταλιά της σούπας χυμό λεμονιού
- ½ κουταλάκι του γλυκού αλεσμένο μοσχοκάρυδο ή κανέλα
- 5-½ φλιτζάνια ζάχαρη
- ¾ φλιτζάνι νερό
- 1 κουτί (1-¾ ουγγιές) πηκτίνη σε σκόνη

ΟΔΗΓΙΕΣ:

a) Πλένουμε και θρυμματίζουμε καλά τα βατόμουρα, μία στρώση τη φορά, σε μια κατσαρόλα. Προσθέστε το χυμό λεμονιού, το μπαχαρικό και το νερό. Προσθέστε πηκτίνη και βράστε σε δυνατή φωτιά, ανακατεύοντας συχνά.

b) Προσθέστε τη ζάχαρη και επαναφέρετε σε πλήρη βράση. Βράζουμε δυνατά για 1 λεπτό, ανακατεύοντας συνεχώς.

c) Αφαιρέστε από τη φωτιά, αφαιρέστε γρήγορα τον αφρό και γεμίστε τα αποστειρωμένα βάζα, αφήνοντας ελεύθερο χώρο ¼ ίντσας. Σκουπίστε τα χείλη των βάζων με μια βρεγμένη καθαρή χαρτοπετσέτα.

d) Ρυθμίστε τα καπάκια και επεξεργαστείτε.

39. Ζελέ σταφυλιού-δαμάσκηνου

ΣΥΣΤΑΤΙΚΑ:

- 3-½ κιλά ώριμα δαμάσκηνα
- 3 λίβρες ώριμα σταφύλια Concord
- 1 φλιτζάνι νερό
- ½ κουταλάκι του γλυκού βούτυρο ή μαργαρίνη για μείωση του αφρισμού (προαιρετικά)
- 8-½ φλιτζάνια ζάχαρη
- 1 κουτί (1-¾ ουγγιές) πηκτίνη σε σκόνη

ΟΔΗΓΙΕΣ:

a) Πλύνετε και κουκούτσι δαμάσκηνα? μην ξεφλουδίζετε. Θρυμματίζουμε καλά τα δαμάσκηνα και τα σταφύλια, μια στρώση τη φορά, σε μια κατσαρόλα με νερό. Αφήνουμε να πάρει μια βράση, σκεπάζουμε και σιγοβράζουμε για 10 λεπτά.

b) Στραγγίστε το χυμό μέσα από μια σακούλα ζελέ ή διπλή στρώση τυρί πανί. Μετράμε τη ζάχαρη και αφήνουμε στην άκρη.

c) Συνδυάστε 6-½ φλιτζάνια χυμό με βούτυρο και πηκτίνη σε μεγάλη κατσαρόλα. Φέρτε σε δυνατή φωτιά σε δυνατή φωτιά, ανακατεύοντας συνεχώς. Προσθέστε τη ζάχαρη και επαναφέρετε σε πλήρη βράση. Βράζουμε δυνατά για 1 λεπτό, ανακατεύοντας συνεχώς.

d) Αφαιρέστε από τη φωτιά, αφαιρέστε γρήγορα τον αφρό και γεμίστε τα αποστειρωμένα βάζα, αφήνοντας ελεύθερο χώρο ¼ ίντσας. Σκουπίστε τα χείλη των βάζων με μια βρεγμένη καθαρή χαρτοπετσέτα.

e) Ρυθμίστε τα καπάκια και επεξεργαστείτε.

40. Ζελέ χρυσή πιπεριά

ΣΥΣΤΑΤΙΚΑ:

- 5 φλιτζάνια κίτρινες πιπεριές ψιλοκομμένες
- ½ φλιτζάνι ψιλοκομμένες πιπεριές τσίλι Serrano
- 1 ½ φλιτζάνι λευκό αποσταγμένο ξύδι (5%)
- 5 κούπες ζάχαρη
- 1 θήκη (3 ουγγιές) υγρή πηκτίνη

ΟΔΗΓΙΕΣ:

a) Πλένουμε καλά όλες τις πιπεριές. αφαιρέστε τα κοτσάνια και τους σπόρους από τις πιπεριές. Τοποθετήστε τις γλυκές και καυτερές πιπεριές στο μπλέντερ ή στον επεξεργαστή τροφίμων.

b) Προσθέστε αρκετό ξύδι για να πολτοποιηθούν οι πιπεριές και μετά πολτοποιήστε. Συνδυάστε τον πουρέ πιπεριού-ξυδιού και το υπόλοιπο ξύδι σε μια κατσαρόλα 8 ή 10 λίτρων. Ζεσταίνουμε μέχρι να βράσει. στη συνέχεια βράστε 10 λεπτά για να βγάλετε τις γεύσεις και το χρώμα.

c) Αποσύρουμε από τη φωτιά και σουρώνουμε μέσα από μια σακούλα ζελέ σε ένα μπολ. (Η σακούλα ζελέ προτιμάται· μπορούν επίσης να χρησιμοποιηθούν πολλές στρώσεις τυρόπανου.)

d) Μετρήστε 2-¼ φλιτζάνια από τον στραγγισμένο χυμό πιπεριού-ξυδιού πίσω στην κατσαρόλα. Ανακατεύουμε τη ζάχαρη μέχρι να διαλυθεί και επαναφέρουμε το μείγμα σε βράση. Προσθέστε την πηκτίνη, επαναφέρετε σε πλήρη βρασμό και βράζετε δυνατά για 1 λεπτό, ανακατεύοντας συνεχώς.

e) Αφαιρέστε από τη φωτιά, αφαιρέστε γρήγορα τυχόν αφρό και γεμίστε σε αποστειρωμένα βάζα, αφήνοντας ελεύθερο χώρο ¼ ίντσας. Σκουπίστε τα χείλη των βάζων με μια βρεγμένη καθαρή χαρτοπετσέτα.

f) Ρυθμίστε τα καπάκια και επεξεργαστείτε.

41. Μαρμελάδα ροδάκινο-ανανά

ΣΥΣΤΑΤΙΚΑ:

- 4 φλιτζάνια στραγγισμένος πολτός ροδάκινου
- 2 φλιτζάνια στραγγισμένος, χωρίς ζάχαρη, θρυμματισμένος ανανάς
- ¼ φλιτζάνι εμφιαλωμένο χυμό λεμονιού
- 2 φλιτζάνια ζάχαρη (προαιρετικά)

ΟΔΗΓΙΕΣ:

a) Πλύνετε καλά 4 έως 6 κιλά σταθερά, ώριμα ροδάκινα. Στραγγίζουμε καλά. Ξεφλουδίστε και αφαιρέστε τα κουκούτσια. Τρίψτε τη σάρκα των φρούτων με μια μέτρια ή χοντρή λεπίδα ή συνθλίψτε με ένα πιρούνι (μην χρησιμοποιείτε μπλέντερ).

b) Τοποθετήστε τα αλεσμένα ή θρυμματισμένα φρούτα σε μια κατσαρόλα 2 λίτρων. Ζεσταίνουμε σιγά σιγά για να βγει ο χυμός, ανακατεύοντας συνεχώς, μέχρι να μαλακώσουν τα φρούτα.

c) Τοποθετήστε τα μαγειρεμένα φρούτα σε μια σακούλα ζελέ ή σουρωτήρι στρωμένη με τέσσερις στρώσεις τυρί πανί. Αφήστε το χυμό να στάξει περίπου 15 λεπτά. Φυλάξτε το χυμό για ζελέ ή άλλες χρήσεις.

d) Μετρήστε 4 φλιτζάνια στραγγισμένο πολτό φρούτων για να κάνετε άλειμμα. Συνδυάστε τα 4 φλιτζάνια πελτέ, ανανά και χυμό λεμονιού σε μια κατσαρόλα 4 λίτρων. Προσθέστε έως και 2 φλιτζάνια ζάχαρη, αν θέλετε, και ανακατέψτε καλά. Ζεσταίνουμε και βράζουμε απαλά για 10 με 15 λεπτά, ανακατεύοντας αρκετά για να μην κολλήσει.

e) Γεμίστε γρήγορα τα ζεστά βάζα, αφήνοντας ελεύθερο χώρο ¼ ίντσας. Σκουπίστε τα χείλη των βάζων με μια βρεγμένη καθαρή χαρτοπετσέτα.

f) Ρυθμίστε τα καπάκια και επεξεργαστείτε.

42. Μαρμελάδα μήλου στο ψυγείο

ΣΥΣΤΑΤΙΚΑ:

- 2 κουταλιές της σούπας σκόνη ζελατίνης χωρίς γεύση
- 1 τέταρτο μπουκάλι χυμός μήλου χωρίς ζάχαρη
- 2 κουταλιές της σούπας εμφιαλωμένο χυμό λεμονιού
- 2 κουταλιές της σούπας υγρό γλυκαντικό χαμηλών θερμίδων
- Χρώμα τροφίμων, αν θέλετε

ΟΔΗΓΙΕΣ:

a) Σε μια κατσαρόλα, μαλακώστε τη ζελατίνη στο χυμό μήλου και λεμονιού. Για να διαλυθεί η ζελατίνη, φέρνουμε σε πλήρη βράση και βράζουμε για 2 λεπτά. Αποσύρουμε από τη φωτιά. Προσθέστε γλυκαντικό και χρώμα τροφίμων, αν θέλετε.

b) Γεμίστε τα βάζα, αφήνοντας ελεύθερο χώρο ¼ ίντσας. Σκουπίστε τα χείλη των βάζων με μια βρεγμένη καθαρή χαρτοπετσέτα. Ρυθμίστε τα καπάκια. Μην επεξεργάζεστε και μην καταψύχετε.

c) Φυλάσσεται στο ψυγείο και χρησιμοποιείται εντός 4 εβδομάδων.

43. Μαρμελάδα σταφύλι ψυγείου

ΣΥΣΤΑΤΙΚΑ:

- 2 κουταλιές της σούπας σκόνη ζελατίνης χωρίς γεύση
- 1 μπουκάλι (24 ουγγιές) χυμός σταφυλιού χωρίς ζάχαρη
- 2 κουταλιές της σούπας εμφιαλωμένο χυμό λεμονιού
- 2 κουταλιές της σούπας υγρό γλυκαντικό χαμηλών θερμίδων

ΟΔΗΓΙΕΣ:

a) Σε μια κατσαρόλα, μαλακώστε τη ζελατίνη στο σταφύλι και το χυμό λεμονιού. Φέρτε σε πλήρη βράση για να διαλυθεί η ζελατίνη. Βράζουμε 1 λεπτό και αποσύρουμε από τη φωτιά. Προσθέστε γλυκαντικό.

b) Γεμίστε γρήγορα τα ζεστά βάζα, αφήνοντας ελεύθερο χώρο ¼ ίντσας. Σκουπίστε τα χείλη των βάζων με μια βρεγμένη καθαρή χαρτοπετσέτα.

c) Ρυθμίστε τα καπάκια. Μην επεξεργάζεστε και μην καταψύχετε.

d) Φυλάσσεται στο ψυγείο και χρησιμοποιείται εντός 4 εβδομάδων.

44. Ζελέ κερασιού με πηκτίνη σε σκόνη

ΣΥΣΤΑΤΙΚΑ:

- 3 ½ φλιτζάνια χυμό κερασιού
- 1 συσκευασία πηκτίνη σε σκόνη
- 4 ½ φλιτζάνια ζάχαρη

ΟΔΗΓΙΕΣ:

a) Για την προετοιμασία του χυμού. Επιλέξτε πλήρως ώριμα κεράσια. Ταξινομήστε, πλύνετε και αφαιρέστε τα στελέχη. μην λάκκους. Θρυμματίζουμε τα κεράσια, προσθέτουμε νερό, σκεπάζουμε, αφήνουμε να βράσουν σε δυνατή φωτιά. Χαμηλώνουμε τη φωτιά και σιγοβράζουμε για 10 λεπτά. Εκχύλισμα χυμού.

b) Για να φτιάξετε ζελέ. Μετρήστε το χυμό σε ένα βραστήρα. Προσθέστε πηκτίνη και ανακατέψτε καλά. Το βάζουμε σε δυνατή φωτιά και, ανακατεύοντας συνεχώς, αφήνουμε γρήγορα να πάρει μια πλήρη βράση που δεν μπορεί να ανακατευτεί.

c) Προσθέτουμε τη ζάχαρη, συνεχίζουμε το ανακάτεμα και ζεσταίνουμε ξανά σε πλήρη βράση. Βράζουμε δυνατά για 1 λεπτό.

d) Αφαιρέστε από τη φωτιά? αφαιρέστε γρήγορα τον αφρό. Ρίξτε το ζελέ σε ζεστά, αποστειρωμένα βάζα κονσερβοποίησης σε απόσταση ¼ ίντσας από την κορυφή. Σφραγίστε και επεξεργαστείτε για 5 λεπτά σε λουτρό βραστό νερό.

45. Μαρμελάδα κερασιού με πηκτίνη σε σκόνη

ΣΥΣΤΑΤΙΚΑ:

- 4 φλιτζάνια αλεσμένα κεράσια χωρίς κουκούτσι
- 1 συσκευασία πηκτίνη σε σκόνη
- 5 κούπες ζάχαρη

ΟΔΗΓΙΕΣ:

a) Για την προετοιμασία φρούτων. Ταξινομήστε και πλύνετε τα πλήρως ώριμα κεράσια. αφαιρέστε τα στελέχη και τα κουκούτσια. Τρίψτε τα κεράσια ή ψιλοκόψτε.

b) Για να φτιάξετε μαρμελάδα. Μετρήστε τα προετοιμασμένα κεράσια σε ένα μπρίκι. Προσθέστε πηκτίνη και ανακατέψτε καλά. Τοποθετούμε σε δυνατή φωτιά και ανακατεύοντας συνεχώς, φέρνουμε γρήγορα μέχρι να πάρει πλήρη βράση με φυσαλίδες σε όλη την επιφάνεια.

c) Προσθέτουμε τη ζάχαρη, συνεχίζουμε το ανακάτεμα και ζεσταίνουμε ξανά σε πλήρη βρασμό. Βράζουμε δυνατά για 1 λεπτό, ανακατεύοντας συνεχώς. Αφαιρέστε ξανά από τη θερμότητα. ξαφρίζω.

d) Ρίξτε αμέσως σε ζεστά, αποστειρωμένα βάζα κονσερβοποίησης σε απόσταση ¼ ίντσας από την κορυφή. Σφραγίστε και επεξεργαστείτε 5 λεπτά σε λουτρό βραστό νερό.

46. Μαρμελάδα Σύκο με Υγρή Πηκτίνη

ΣΥΣΤΑΤΙΚΑ:

- 4 φλιτζάνια θρυμματισμένα σύκα (περίπου 3 λίβρες σύκα)
- ½ φλιτζάνι χυμό λεμονιού
- 7 ½ φλιτζάνια ζάχαρη
- ½ Μπουκάλι Υγρή Πηκτίνη

ΟΔΗΓΙΕΣ:

a) Για την προετοιμασία φρούτων. Ταξινομήστε και πλύνετε τα πλήρως ώριμα σύκα. αφαιρέστε τα άκρα του στελέχους. Θρυμματίστε ή αλέστε τα φρούτα.

b) Για να φτιάξετε μαρμελάδα. Τοποθετήστε τα θρυμματισμένα σύκα και το χυμό λεμονιού σε ένα μπρίκι. Προσθέτουμε τη ζάχαρη και ανακατεύουμε καλά. Τοποθετούμε σε δυνατή φωτιά και ανακατεύουμε συνεχώς, αφήνουμε να πάρει μια πλήρη βράση με φυσαλίδες σε όλη την επιφάνεια. Βράζουμε δυνατά για 1 λεπτό, ανακατεύοντας συνεχώς.

c) Αποσύρουμε από τη φωτιά. Προσθέστε πηκτίνη. Αφαιρέστε γρήγορα τον αφρό. Ρίξτε αμέσως σε ζεστά, αποστειρωμένα βάζα κονσερβοποίησης έως ¼ ίντσας Απο πάνω. Σφραγίστε και επεξεργαστείτε 5 λεπτά σε λουτρό βραστό νερό.

47. Ζελέ σταφυλιού με πηκτίνη σε σκόνη

ΣΥΣΤΑΤΙΚΑ:

- 5 φλιτζάνια χυμό σταφυλιού
- 1 συσκευασία πηκτίνη σε σκόνη
- 7 κούπες ζάχαρη

ΟΔΗΓΙΕΣ:

a) Για την προετοιμασία του χυμού. Ταξινομήστε, πλύνετε και αφαιρέστε τα κοτσάνια από τα πλήρως ώριμα σταφύλια. Θρυμματίζουμε τα σταφύλια, προσθέτουμε νερό, σκεπάζουμε και αφήνουμε να βράσουν σε δυνατή φωτιά. Χαμηλώνουμε τη φωτιά και σιγοβράζουμε για 10 λεπτά. Εκχύλισμα χυμού .

b) Για να φτιάξετε ζελέ. Μετρήστε το χυμό σε ένα βραστήρα. Προσθέστε πηκτίνη και ανακατέψτε καλά. Το βάζουμε σε δυνατή φωτιά και, ανακατεύοντας συνεχώς, αφήνουμε γρήγορα να πάρει μια πλήρη βράση που δεν μπορεί να ανακατευτεί.

c) Προσθέτουμε τη ζάχαρη, συνεχίζουμε το ανακάτεμα και αφήνουμε πάλι να πάρει πλήρη βράση. Βράζουμε δυνατά για 1 λεπτό.

d) Αφαιρέστε από τη φωτιά? αφαιρέστε γρήγορα τον αφρό. Ρίξτε το ζελέ αμέσως σε ζεστά, αποστειρωμένα βάζα κονσερβοποίησης σε απόσταση ¼ ίντσας από την κορυφή. Σφραγίστε και επεξεργαστείτε για 5 λεπτά σε λουτρό βραστό νερό.

48. Μαρμελάδα Μέντα-Ανανά με Υγρή Πηκτίνη

ΣΥΣΤΑΤΙΚΑ:

- Ένα 20 ουγγιές μπορεί να θρυμματιστεί ανανάς ¾ φλιτζάνι νερό
- ¼ φλιτζάνι χυμό λεμονιού
- 7 ½ φλιτζάνια ζάχαρη
- 1 μπουκάλι υγρή πηκτίνη ½ κουταλάκι του γλυκού εκχύλισμα μέντας Λίγες σταγόνες πράσινου χρώματος

ΟΔΗΓΙΕΣ:

a) Τοποθετήστε τον θρυμματισμένο ανανά σε ένα μπρίκι. Προσθέστε νερό, το χυμό λεμονιού και ζάχαρη. Ανακατέψτε καλά.

b) Τοποθετούμε σε δυνατή φωτιά και ανακατεύοντας συνεχώς, φέρνουμε γρήγορα σε πλήρη βράση με φυσαλίδες σε όλη την επιφάνεια. Βράζουμε δυνατά για 1 λεπτό, ανακατεύοντας συνεχώς. Αφαιρέστε από τη φωτιά? προσθέστε πηκτίνη, εκχύλισμα γεύσης και χρωματισμό. Ξαφρίζω.

c) Ρίξτε αμέσως σε ζεστά, αποστειρωμένα βάζα κονσερβοποίησης σε απόσταση ¼ ίντσας από την κορυφή. Σφραγίστε και επεξεργαστείτε 5 λεπτά σε λουτρό βραστό νερό.

49. Μικτό ζελέ φρούτων με υγρή πηκτίνη

ΣΥΣΤΑΤΙΚΑ:

- 2 φλιτζάνια χυμό cranberry
- 2 φλιτζάνια χυμό κυδωνιού
- 1 φλιτζάνι χυμό μήλου
- 7 ½ φλιτζάνια ζάχαρη
- ½ μπουκάλι υγρή πηκτίνη

ΟΔΗΓΙΕΣ:

a) Για την προετοιμασία φρούτων. Ταξινομήστε και πλύνετε τα πλήρως ώριμα cranberries. Προσθέτουμε νερό, σκεπάζουμε και αφήνουμε να πάρει μια βράση σε δυνατή φωτιά. Χαμηλώνουμε τη φωτιά και σιγοβράζουμε για 20 λεπτά. Εκχύλισμα χυμού.

b) Ταξινομήστε και πλύνετε το κυδώνι. Αφαιρέστε τα άκρα του μίσχου και των ανθέων. μην παραμελείτε ή πυρήνα. Κόβουμε πολύ λεπτές φέτες ή κόβουμε σε μικρά κομμάτια. Προσθέτουμε νερό, σκεπάζουμε και αφήνουμε να πάρει μια βράση σε δυνατή φωτιά. Χαμηλώνουμε τη φωτιά και σιγοβράζουμε για 25 λεπτά. Εκχύλισμα χυμού.

c) Ταξινομήστε και πλύνετε τα μήλα. Αφαιρέστε τα άκρα του μίσχου και των ανθέων. μην παραμελείτε ή πυρήνα. Κόψε σε μικρά κομμάτια. Προσθέτουμε νερό, σκεπάζουμε και αφήνουμε να πάρει μια βράση σε δυνατή φωτιά. Χαμηλώνουμε τη φωτιά και σιγοβράζουμε για 20 λεπτά. Εκχύλισμα χυμού.

d) Για να φτιάξετε ζελέ. Μετρήστε τους χυμούς σε ένα βραστήρα. Ανακατεύουμε με τη ζάχαρη. Τοποθετούμε σε δυνατή φωτιά και, ανακατεύοντας συνεχώς, αφήνουμε γρήγορα να πάρει μια πλήρη βράση που δεν μπορεί να ανακατευτεί.

e) Προσθέστε πηκτίνη και επιστρέψτε σε πλήρη βρασμό. Βράζουμε δυνατά για 1 λεπτό.

f) Αφαιρέστε από τη φωτιά? αφαιρέστε γρήγορα τον αφρό. Ρίξτε το ζελέ αμέσως σε ζεστά, αποστειρωμένα βάζα κονσερβοποίησης σε απόσταση ¼ ίντσας από την κορυφή. Σφραγίστε και επεξεργαστείτε για 5 λεπτά σε λουτρό βραστό νερό.

Φτιάχνει: εννέα ή δέκα βάζα των 8 ουγγιών.

50. Ζελέ πορτοκαλιού

Φτιάχνει: 4 ή 5 βάζα μισής πίντας.

ΣΥΣΤΑΤΙΚΑ:

- 3 ¼ κούπες ζάχαρη
- 1 φλιτζάνι νερό
- 3 κουταλιές της σούπας χυμό λεμονιού ½ μπουκάλι υγρή πηκτίνη
- Ένα κουτί 6 ουγγιών (¾ φλιτζάνι) παγωμένο συμπυκνωμένο χυμό πορτοκαλιού

ΟΔΗΓΙΕΣ:

a) Ανακατέψτε τη ζάχαρη στο νερό. Τοποθετούμε σε δυνατή φωτιά και, ανακατεύοντας συνεχώς, αφήνουμε γρήγορα να πάρει μια πλήρη βράση που δεν μπορεί να ανακατευτεί.

b) Προσθέστε χυμό λεμονιού. Βράζουμε δυνατά για 1 λεπτό.

c) Αποσύρουμε από τη φωτιά. Προσθέστε πηκτίνη. Προσθέστε τον αποψυγμένο συμπυκνωμένο χυμό πορτοκαλιού και ανακατέψτε καλά.

d) Ρίξτε το ζελέ αμέσως σε ζεστά, αποστειρωμένα βάζα κονσερβοποίησης σε απόσταση ¼ ίντσας από την κορυφή. Σφραγίστε και επεξεργαστείτε για 5 λεπτά σε λουτρό βραστό νερό.

51. Ζελέ πορτοκαλιού με καρυκεύματα

Φτιάχνει: 4 βάζα μισής πίντας.

ΣΥΣΤΑΤΙΚΑ:

- 2 φλιτζάνια χυμό πορτοκαλιού
- ⅓ φλιτζάνι χυμό λεμονιού
- ⅔ φλιτζάνι νερό
- 1 συσκευασία πηκτίνη σε σκόνη
- 2 κουταλιές της σούπας φλούδα πορτοκαλιού, ψιλοκομμένη
- 1 κουταλάκι του γλυκού μπαχάρι ολόκληρο
- ½ κουταλάκι του γλυκού ολόκληρα γαρύφαλλα
- 4 ξυλάκια κανέλα, μήκους 2 ιντσών
- 3 ½ φλιτζάνια ζάχαρη

ΟΔΗΓΙΕΣ:

a) Ανακατέψτε το χυμό πορτοκαλιού, το χυμό λεμονιού και το νερό σε μια μεγάλη κατσαρόλα.

b) Προσθέστε πηκτίνη.

c) Τοποθετήστε τη φλούδα πορτοκαλιού, το μπαχάρι, το γαρύφαλλο και τα ξυλάκια κανέλας χαλαρά σε ένα καθαρό λευκό πανί, δέστε με ένα κορδόνι και προσθέστε το μείγμα φρούτων.

d) Τοποθετούμε σε δυνατή φωτιά και, ανακατεύοντας συνεχώς, αφήνουμε γρήγορα να πάρει μια πλήρη βράση που δεν μπορεί να ανακατευτεί.

e) Προσθέτουμε τη ζάχαρη, συνεχίζουμε το ανακάτεμα και ζεσταίνουμε ξανά σε πλήρη βράση. Βράζουμε δυνατά για 1 λεπτό.

f) Αποσύρουμε από τη φωτιά. Αφαιρέστε τη σακούλα μπαχαρικών και αφαιρέστε γρήγορα τον αφρό. Ρίξτε αμέσως τη ζελατίνα σε ζεστά, αποστειρωμένα βάζα κονσερβοποίησης σε απόσταση ¼ ίντσας από την κορυφή. Σφραγίστε και επεξεργαστείτε για 5 λεπτά σε λουτρό βραστό νερό.

52. Μαρμελάδα πορτοκάλι

ΣΥΣΤΑΤΙΚΑ:

- ¾ φλιτζάνι φλούδα γκρέιπφρουτ (½ γκρέιπφρουτ)
- ¾ φλιτζάνι φλούδα πορτοκαλιού (1 πορτοκάλι)
- 13⁄ φλιτζάνι φλούδα λεμονιού (1 λεμόνι)
- 1 λίτρο κρύο νερό
- Πούλπα από 1 γκρέιπφρουτ
- Πούλπα από 4 μεσαίου μεγέθους πορτοκάλια
- 2 φλιτζάνια χυμό λεμονιού
- 2 φλιτζάνια βραστό νερό
- 3 κούπες ζάχαρη

ΟΔΗΓΙΕΣ:

a) Για την προετοιμασία φρούτων. Πλένουμε και ξεφλουδίζουμε τα φρούτα. Κόβουμε τη φλούδα σε λεπτές λωρίδες. Προσθέστε κρύο νερό και σιγοβράστε σε σκεπασμένο τηγάνι μέχρι να μαλακώσει (περίπου 30 λεπτά). Διοχετεύω.

b) Αφαιρέστε τους σπόρους και τη μεμβράνη από τα ξεφλουδισμένα φρούτα. Κόψτε τα φρούτα σε μικρά κομμάτια.

c) Για να φτιάξω Jam. Προσθέστε βραστό νερό στη φλούδα και τα φρούτα. Προσθέστε ζάχαρη και βράστε γρήγορα στους 9 °F πάνω από το σημείο βρασμού του νερού (περίπου 20 λεπτά), ανακατεύοντας συχνά. Αφαιρέστε από τη φωτιά? ξαφρίζω.

d) Ρίξτε αμέσως σε ζεστά, αποστειρωμένα βάζα κονσερβοποίησης σε απόσταση ¼ ίντσας από την κορυφή. Σφραγίστε και επεξεργαστείτε 5 λεπτά σε λουτρό βραστό νερό.

Φτιάχνει: 3 ή 4 βάζα μισής πίντας.

53. Κονσέρβα βερίκοκου-πορτοκαλιού

ΣΥΣΤΑΤΙΚΑ:

- 3 ½ φλιτζάνια ψιλοκομμένα στραγγισμένα βερίκοκα
- 1 ½ φλιτζάνι χυμό πορτοκαλιού
- Φλούδα από ½ πορτοκάλι, ψιλοκομμένη
- 2 κουταλιές της σούπας χυμό λεμονιού
- 3 ¼ κούπες ζάχαρη
- ½ φλιτζάνι καρύδια ψιλοκομμένα

ΟΔΗΓΙΕΣ:

a) Για την προετοιμασία αποξηραμένων βερίκοκων. Μαγειρέψτε τα βερίκοκα ακάλυπτα σε 3 φλιτζάνια νερό μέχρι να μαλακώσουν (περίπου 20 λεπτά). στραγγίζουμε και ψιλοκόβουμε.
b) Για να κάνετε συντήρηση. Ανακατεύουμε όλα τα υλικά εκτός από τους ξηρούς καρπούς. Μαγειρέψτε στους 9 °F πάνω από το σημείο βρασμού του νερού ή μέχρι να πήξει, ανακατεύοντας συνεχώς. Προσθέστε ξηρούς καρπούς. Ανακατέψτε καλά. Αφαιρέστε από τη φωτιά? ξαφρίζω.
c) Ρίξτε αμέσως σε ζεστά, αποστειρωμένα βάζα κονσερβοποίησης σε απόσταση ¼ ίντσας από την κορυφή. Σφραγίστε και επεξεργαστείτε για 5 λεπτά σε λουτρό βραστό νερό.

54. Μαρμελάδα ροδάκινου με πηκτίνη σε σκόνη

Φτιάχνει: περίπου 6 βάζα μισής πίντας.

ΣΥΣΤΑΤΙΚΑ:

- 3 ¾ φλιτζάνια θρυμματισμένο ροδάκινο s
- ½ φλιτζάνι χυμό λεμονιού
- 1 συσκευασία πηκτίνη σε σκόνη
- 5 κούπες ζάχαρη

ΟΔΗΓΙΕΣ:

a) Για την προετοιμασία φρούτων. Ταξινομήστε και πλύνετε τα πλήρως ώριμα ροδάκινα. Αφαιρέστε τα στελέχη, τα δέρματα και τα κουκούτσια. Θρυμματίστε τα ροδάκινα.

b) Για να φτιάξετε μαρμελάδα. Μετρήστε τα θρυμματισμένα ροδάκινα σε ένα μπρίκι. Προσθέστε χυμό λεμονιού και πηκτίνη. Ανακατέψτε καλά. Το βάζουμε σε δυνατή φωτιά και ανακατεύουμε συνεχώς, αφήνουμε να πάρει μια πλήρη βράση με φυσαλίδες σε όλη την επιφάνεια.

c) Προσθέτουμε τη ζάχαρη, συνεχίζουμε το ανακάτεμα και ζεσταίνουμε ξανά σε πλήρη βρασμό. Βράζουμε δυνατά για 1 λεπτό, ανακατεύοντας συνεχώς. Αφαιρέστε από τη φωτιά? ξαφρίζω.

d) Ρίξτε αμέσως σε ζεστά, αποστειρωμένα βάζα κονσερβοποίησης σε απόσταση ¼ ίντσας από την κορυφή. Σφραγίστε και επεξεργαστείτε 5 λεπτά σε λουτρό βραστό νερό.

55. Καρυκευμένη μαρμελάδα βατόμουρου-ροδάκινου

Φτιάχνει: 6 ή 7 βάζα μισής πίντας.

ΣΥΣΤΑΤΙΚΑ:

- ροδάκινο ψιλοκομμένο ή αλεσμένο
- 4 φλιτζάνια βατόμουρα
- 2 κουταλιές της σούπας χυμό λεμονιού
- ½ φλιτζάνι νερό
- 5 ½ φλιτζάνια ζάχαρη
- ½ κουταλάκι του γλυκού αλάτι
- 1 ξυλάκι κανέλα
- ½ κουταλάκι του γλυκού γαρύφαλλο ολόκληρο
- ¼ κουταλάκι του γλυκού μπαχάρι ολόκληρο

ΟΔΗΓΙΕΣ:

a) Για την προετοιμασία φρούτων. Ταξινομήστε και πλύνετε τα πλήρως ώριμα ροδάκινα. ξεφλουδίστε και αφαιρέστε τα κουκούτσια. Ψιλοκόψτε ή αλέστε τα ροδάκινα.

b) Ταξινομήστε, πλύνετε και αφαιρέστε τυχόν κοτσάνια από φρέσκα βατόμουρα.

c) Ξεπαγώστε κατεψυγμένα μούρα.

d) Για να φτιάξετε μαρμελάδα. Μετρήστε τα φρούτα σε ένα βραστήρα. προσθέτουμε το χυμό λεμονιού και το νερό. Σκεπάζουμε, αφήνουμε να πάρει μια βράση και σιγοβράζουμε για 10 λεπτά, ανακατεύοντας κατά διαστήματα.

e) Προσθέστε ζάχαρη και αλάτι. Ανακατέψτε καλά. Προσθέστε μπαχαρικά δεμένα σε τυρόπανο. Βράζουμε γρήγορα, ανακατεύοντας συνεχώς, στους 9 °F πάνω από το σημείο βρασμού του νερού ή μέχρι να πήξει το μείγμα.

f) Ρίξτε αμέσως σε ζεστά, αποστειρωμένα βάζα κονσερβοποίησης σε απόσταση ¼ ίντσας από την κορυφή. Σφραγίστε και επεξεργαστείτε 5 λεπτά σε λουτρό βραστό νερό.

56. Μαρμελάδα ανανά με υγρή πηκτίνη

Φτιάχνει: 4 ή 5 βάζα μισής πίντας.

ΣΥΣΤΑΤΙΚΑ:

- Ένα κουτί 20 ουγγιών θρυμματισμένο ανανά
- 3 κουταλιές της σούπας χυμό λεμονιού
- 3 ¼ κούπες ζάχαρη
- ½ μπουκάλι υγρή πηκτίνη

ΟΔΗΓΙΕΣ:

a) Συνδυάστε ανανά και χυμό λεμονιού σε ένα μπρίκι. Προσθέτουμε τη ζάχαρη και ανακατεύουμε καλά. Τοποθετούμε σε δυνατή φωτιά και ανακατεύουμε συνεχώς, αφήνουμε γρήγορα να πάρει μια πλήρη βράση με φυσαλίδες σε όλο το επιφάνεια.

b) Βράζουμε δυνατά για 1 λεπτό, ανακατεύοντας συνεχώς.

c) Αφαιρέστε από τη φωτιά? ανακατεύουμε με πηκτίνη. Ξαφρίζω.

d) Αφήστε να σταθεί για 5 λεπτά.

e) Ρίξτε αμέσως σε ζεστά, αποστειρωμένα βάζα κονσερβοποίησης σε απόσταση ¼ ίντσας από την κορυφή.

f) Σφραγίστε και επεξεργαστείτε 5 λεπτά σε λουτρό βραστό νερό.

57. Ζελέ δαμάσκηνου με υγρή πηκτίνη

Φτιάχνει: 7 ή 8 βάζα μισής πίντας.

ΣΥΣΤΑΤΙΚΑ:

- 4 φλιτζάνια χυμό δαμάσκηνου
- 7 ½ φλιτζάνια ζάχαρη
- ½ μπουκάλι υγρή πηκτίνη

ΟΔΗΓΙΕΣ:

a) Για την προετοιμασία του χυμού. Ταξινομήστε και πλύνετε τα πλήρως ώριμα δαμάσκηνα και κόψτε σε κομμάτια. μην ξεφλουδίζετε και μην ξεφλουδίζετε. Θρυμματίζουμε τα φρούτα, προσθέτουμε νερό, σκεπάζουμε και αφήνουμε να βράσουν σε δυνατή φωτιά. Χαμηλώνουμε τη φωτιά και σιγοβράζουμε για 10 λεπτά. Εκχύλισμα χυμού.

b) Για να φτιάξετε ζελέ. Μετρήστε το χυμό σε ένα βραστήρα. Ανακατεύουμε με ζάχαρη. Τοποθετούμε σε δυνατή φωτιά και, ανακατεύοντας συνεχώς, αφήνουμε γρήγορα να πάρει μια πλήρη βράση που δεν μπορεί να ανακατευτεί.

c) Προσθέστε πηκτίνη. επαναφέρετε σε πλήρη βράση. Βράζουμε δυνατά 1 λεπτό.

d) Αφαιρέστε από τη φωτιά? αφαιρέστε γρήγορα τον αφρό. Ρίξτε το ζελέ αμέσως σε ζεστά, αποστειρωμένα βάζα κονσερβοποίησης σε απόσταση ¼ ίντσας από την κορυφή. Σφραγίστε και επεξεργαστείτε για 5 λεπτά σε λουτρό βραστό νερό.

58. Μαρμελάδα φράουλα με πηκτίνη σε σκόνη

ΣΥΣΤΑΤΙΚΑ:

- 5 ½ φλιτζάνια θρυμματισμένες φράουλες
- 1 συσκευασία πηκτίνη σε σκόνη
- 8 φλιτζάνια ζάχαρη

ΟΔΗΓΙΕΣ:

a) Για την προετοιμασία φρούτων. Ταξινομήστε και πλύνετε πλήρως ώριμες φράουλες. μετακινήστε ξανά τα στελέχη και τα καπάκια. Θρυμματίστε τα μούρα.

b) Για να φτιάξετε μαρμελάδα. Μετρήστε τις θρυμματισμένες φράουλες σε ένα μπρίκι. Προσθέστε πηκτίνη και ανακατέψτε καλά. Τοποθετούμε σε δυνατή φωτιά και ανακατεύοντας συνεχώς αφήνουμε να πάρει μια πλήρη βράση με φυσαλίδες σε όλη την επιφάνεια.

c) Προσθέτουμε τη ζάχαρη, συνεχίζουμε το ανακάτεμα και ζεσταίνουμε ξανά σε πλήρη βρασμό. Βράζουμε δυνατά για 1 λεπτό, ανακατεύοντας συνεχώς. Αφαιρέστε ξανά από τη θερμότητα. ξαφρίζω.

d) Ρίξτε αμέσως σε ζεστά, αποστειρωμένα βάζα κονσερβοποίησης σε απόσταση ¼ ίντσας από την κορυφή. Σφραγίστε και επεξεργαστείτε 5 λεπτά σε λουτρό βραστό νερό.

e) Φτιάχνει: 9 ή 10 βάζα μισής πίντας.

59. Μαρμελάδα Tutti-Frutti

Φτιάχνει: 6 ή 7 βάζα μισής πίντας.

ΣΥΣΤΑΤΙΚΑ:

- 3 φλιτζάνια αχλάδια ψιλοκομμένα ή αλεσμένα
- 1 μεγάλο πορτοκάλι
- ¾ φλιτζάνι στραγγισμένος θρυμματισμένος ανανάς
- ¼ φλιτζάνι ψιλοκομμένα κεράσια μαρασκίνο
- ¼ φλιτζάνι χυμό λεμονιού
- 1 συσκευασία πηκτίνη σε σκόνη
- 5 κούπες ζάχαρη

ΟΔΗΓΙΕΣ:

a) Για την προετοιμασία φρούτων. Ταξινομήστε και πλύνετε τα ώριμα αχλάδια. παρέ και πυρήνα. Ψιλοκόψτε ή αλέστε τα αχλάδια. Ξεφλουδίστε το πορτοκάλι, αφαιρέστε τους σπόρους και ψιλοκόψτε ή τρίψτε τον πολτό.

b) Για να φτιάξετε μαρμελάδα. Μετρήστε τα ψιλοκομμένα αχλάδια σε ένα μπρίκι. Προσθέστε πορτοκάλι, ανανά, κεράσια και χυμό λεμονιού. Προσθέστε πηκτίνη.

c) Τοποθετούμε σε δυνατή φωτιά και ανακατεύοντας συνεχώς αφήνουμε να πάρει μια πλήρη βράση με φυσαλίδες σε όλη την επιφάνεια.

d) Προσθέτουμε τη ζάχαρη, συνεχίζουμε το ανακάτεμα και ζεσταίνουμε ξανά σε πλήρη βρασμό. Βράζουμε δυνατά για 1 λεπτό, ανακατεύοντας συνεχώς. Αφαιρέστε ξανά από τη θερμότητα. ξαφρίζω.

e) Ρίξτε αμέσως σε ζεστά, αποστειρωμένα βάζα κονσερβοποίησης σε απόσταση ¼ ίντσας από την κορυφή. Σφραγίστε και επεξεργαστείτε 5 λεπτά σε λουτρό βραστό νερό.

60. Κονσέρβα σταφυλιού

ΣΥΣΤΑΤΙΚΑ:

- 3 λίρες σταφύλια
- 3 κιλά Ζάχαρη
- 1 κιλό σταφίδες με σπόρους
- 3 πορτοκάλια
- ½ κιλό κρέας καρυδιού, ψιλοκομμένο

ΟΔΗΓΙΕΣ:

a) Ξεχωρίστε τη φλούδα των σταφυλιών από τον πολτό. Μαγειρέψτε τον πολτό για περίπου 10 λεπτά και στη συνέχεια τον στραγγίστε για να αφαιρέσετε τους σπόρους πριν τον συνδυάσετε με τη φλούδα.

b) Βάλτε τις σταφίδες και τα πορτοκάλια σε έναν κόφτη φαγητού. Προσθέστε στα σταφύλια.

c) Προσθέστε τη ζάχαρη και μαγειρέψτε σιγά σιγά για περίπου 45 λεπτά, ανακατεύοντας συχνά.

d) Προσθέτουμε πρώτα τα καρύδια πριν τα κλείσουμε. Ρίξτε σε μικρά βάζα και σφραγίστε.

ΜΑΡΜΕΛΑΔΕΣ ΧΩΡΙΣ ΠΗΚΤΙΝΗ

61. Blackberry Jelly χωρίς προσθήκη πηκτίνης

ΣΥΣΤΑΤΙΚΑ:

- 8 φλιτζάνια χυμό βατόμουρου
- 6 φλιτζάνια ζάχαρη

ΟΔΗΓΙΕΣ:

a) Για την προετοιμασία του χυμού. Επιλέξτε μια αναλογία από ένα τέταρτο υποώριμα μούρα έως τρία τέταρτα ώριμα φρούτα. Ταξινόμηση και πλύσιμο. αφαιρέστε τυχόν στελέχη ή καπάκια. Θρυμματίζουμε τα μούρα, προσθέτουμε νερό, σκεπάζουμε και αφήνουμε να βράσουν σε δυνατή φωτιά. Χαμηλώνουμε τη φωτιά και σιγοβράζουμε για 5 λεπτά. Εκχύλισμα χυμού.

b) Για να φτιάξετε ζελέ. Μετρήστε το χυμό σε ένα βραστήρα. Προσθέτουμε τη ζάχαρη και ανακατεύουμε καλά. Βράζουμε σε δυνατή φωτιά στους 8 °F πάνω από το σημείο βρασμού του νερού ή μέχρι το μείγμα ζελέ να πέσει σε ένα φύλλο από ένα κουτάλι.

c) Αφαιρέστε από τη φωτιά? αφαιρέστε γρήγορα τον αφρό. Ρίξτε αμέσως τη ζελατίνα σε ζεστά, αποστειρωμένα βάζα κονσερβοποίησης σε απόσταση ¼ ίντσας από την κορυφή. Σφραγίστε και επεξεργαστείτε για 5 λεπτά σε λουτρό βραστό νερό.

62. Apple Jelly χωρίς προσθήκη πηκτίνης

ΣΥΣΤΑΤΙΚΑ:

- 4 φλιτζάνια χυμό μήλου
- 2 κουταλιές της σούπας στραγγισμένο χυμό λεμονιού, αν θέλετε
- 3 κούπες ζάχαρη

ΟΔΗΓΙΕΣ:

a) Για την προετοιμασία του χυμού. Χρησιμοποιήστε μια αναλογία από ένα τέταρτο υποώριμα μήλα έως τρία τέταρτα πλήρως ώριμα φρούτα τάρτας.

b) Είδος, πλύνετε και αφαιρέστε τα άκρα του μίσχου και των ανθέων. μην παραμελείτε ή πυρήνα. Κόβουμε τα μήλα σε μικρά κομμάτια. Προσθέτουμε νερό, σκεπάζουμε και αφήνουμε να βράσει σε δυνατή φωτιά. Χαμηλώνουμε τη φωτιά και σιγοβράζουμε για 20 με 25 λεπτά ή μέχρι να μαλακώσουν τα μήλα. Εκχύλισμα χυμού.

c) Για να φτιάξετε ζελέ. Μετρήστε το χυμό μήλου σε ένα βραστήρα. Προσθέτουμε το χυμό λεμονιού και τη ζάχαρη και ανακατεύουμε καλά. Βράζουμε σε δυνατή φωτιά στους 8 ºF πάνω από το σημείο βρασμού του νερού ή μέχρι το μείγμα ζελέ να πέσει σε ένα φύλλο από ένα κουτάλι.

d) Αφαιρέστε από τη φωτιά? αφαιρέστε γρήγορα τον αφρό. Ρίξτε αμέσως τη ζελατίνα σε ζεστά, αποστειρωμένα βάζα κονσερβοποίησης σε απόσταση ¼ ίντσας από την κορυφή. Σφραγίστε και επεξεργαστείτε για 5 λεπτά σε λουτρό βραστό νερό.

63. Apple Jam χωρίς προσθήκη πηκτίνης

ΣΥΣΤΑΤΙΚΑ:

- 8 φλιτζάνια μήλα κομμένα σε λεπτές φέτες
- 1 πορτοκάλι
- 1 ½ φλιτζάνι νερό
- 5 κούπες ζάχαρη
- 2 κουταλιές της σούπας χυμό λεμονιού

ΟΔΗΓΙΕΣ:

a) Για την προετοιμασία φρούτων. Επιλέξτε τάρτα μήλα. Πλένουμε, καθαρίζουμε, τεμαχίζουμε και ξεφλουδίζουμε τα μήλα. Φέτα λεπτή. Κόψτε τα τέταρτα του πορτοκαλιού, αφαιρέστε τυχόν σπόρους και κόψτε σε πολύ λεπτές φέτες.

b) Για να φτιάξω Jam. Ζεσταίνουμε το νερό και τη ζάχαρη μέχρι να διαλυθεί η ζάχαρη. Προσθέστε το χυμό λεμονιού και τα φρούτα. Βράζετε γρήγορα, ανακατεύοντας συνεχώς, στους 9 °F πάνω από το σημείο βρασμού του νερού ή μέχρι να πήξει το μείγμα. Αφαιρέστε από τη φωτιά? ξαφρίζω.

c) Ρίξτε αμέσως σε ζεστά, αποστειρωμένα βάζα κονσερβοποίησης σε απόσταση ½ ίντσας από την κορυφή. Σφραγίδα. Επεξεργαστείτε για 5 λεπτά σε λουτρό βραστό νερό.

64. Ζελέ κυδωνιού χωρίς προσθήκη πηκτίνης

Φτιάχνει: περίπου τέσσερα βάζα των 8 ουγγιών

ΣΥΣΤΑΤΙΚΑ:

- 3 ¾ φλιτζάνια χυμό κυδωνιού
- ⅓ φλιτζάνι χυμό λεμονιού
- 3 κούπες ζάχαρη

ΟΔΗΓΙΕΣ:

a) Για την προετοιμασία του χυμού. Επιλέξτε μια αναλογία περίπου το ένα τέταρτο υπό - ώριμο κυδώνι και τα τρία τέταρτα πλήρως ώριμα φρούτα. Ταξινομήστε, πλύνετε και αφαιρέστε τα στελέχη και τα άκρα των ανθέων. μην παραμελείτε ή πυρήνα. Κόψτε το κυδώνι σε πολύ λεπτές φέτες ή κομμένο σε μικρά κομμάτια.

b) Προσθέτουμε νερό, σκεπάζουμε και αφήνουμε να βράσει σε δυνατή φωτιά. Χαμηλώνουμε τη φωτιά και σιγοβράζουμε για 25 λεπτά. Εκχύλισμα χυμού.

c) Για να φτιάξετε ζελέ. Μετρήστε το χυμό κυδωνιού σε ένα μπρίκι. Προσθέστε το χυμό λεμονιού και τη ζάχαρη. Ανακατέψτε καλά. Βράζουμε σε δυνατή φωτιά στους 8 °F πάνω από το σημείο βρασμού του νερού ή μέχρι το μείγμα ζελέ να σχηματίσει ένα φύλλο από ένα κουτάλι.

d) Αφαιρέστε από τη φωτιά? αφαιρέστε γρήγορα τον αφρό. Ρίξτε το ζελέ σε ζεστά, αποστειρωμένα βάζα κονσερβοποίησης σε απόσταση ¼ ίντσας από την κορυφή. Σφραγίστε και επεξεργαστείτε για 5 λεπτά σε λουτρό βραστό νερό.

ΦΡΕΣΚΕΣ ΜΑΡΜΕΛΑΔΕΣ

65. Ροζ Λεμονάδα Μαρμελάδα Açaí

Κάνει: περίπου ¾ φλ

ΣΥΣΤΑΤΙΚΑ:

- 1 φλιτζάνι πουρές Açaí
- ¼ φλιτζάνι ζάχαρη από ζαχαροκάλαμο
- 2 κουταλιές της σούπας ροζ λεμονάδα
- Πρέζα αλάτι
- 3 κουταλιές της σούπας αλεσμένους σπόρους chia

ΟΔΗΓΙΕΣ:

a) Ανακατέψτε το Açaí, τη ζάχαρη, τη ροζ λεμονάδα και μια πρέζα αλάτι μαζί σε μια μικρή κατσαρόλα.
b) Αφήνουμε να σιγοβράσει και μαγειρεύουμε για 10-15 λεπτά μέχρι να πήξει ελαφρώς.
c) Ανακατεύουμε με αλεσμένο chia μέχρι να ενωθούν καλά.
d) Αφήστε το να καθίσει μέχρι να φτάσει σε θερμοκρασία δωματίου, στη συνέχεια μεταφέρετε σε ένα δοχείο και βάλτε το στο ψυγείο μέχρι να είναι έτοιμο για χρήση.

66. Μαρμελάδα λεβάντας φράουλα

Φτιάχνει: 1 παρτίδα

ΣΥΣΤΑΤΙΚΑ:

- 1 κιλό φράουλες
- 1 κιλό Ζάχαρη
- 24 Μίσχοι λεβάντας
- 2 λεμόνια, χυμός από

ΟΔΗΓΙΕΣ:

a) Πλένουμε, στεγνώνουμε και ξεφλουδίζουμε τις φράουλες.

b) Τα στρώνετε σε ένα μπολ με τη ζάχαρη και 1 ντουζίνα από τα κοτσάνια λεβάντας και τα αφήνετε σε δροσερό μέρος όλη τη νύχτα.

c) Πετάξτε τη λεβάντα και τοποθετήστε το μείγμα των μούρων σε μια κατσαρόλα που δεν είναι αλουμινίου.

d) Δέστε τα υπόλοιπα κοτσάνια λεβάντας και προσθέστε τα στα μούρα.

e) Προσθέστε το χυμό λεμονιού.

f) Μαγειρέψτε μέχρι να βράσει και στη συνέχεια σιγοβράστε για 25 λεπτά.

g) Αφαιρέστε τυχόν αφρό από την κορυφή. Πετάξτε τη λεβάντα και ρίξτε τη μαρμελάδα σε αποστειρωμένα βάζα. Σφραγίδα.

67. Σιρόπι μελισσόχορτου

Κάνει: 1 μερίδα

ΣΥΣΤΑΤΙΚΑ:

- 4 κιλά Φρέσκα πέταλα μελισσόχορτου
- 8 πίντες βραστό νερό
- Ζάχαρη

ΟΔΗΓΙΕΣ:

a) Εγχύστε τα πέταλα σε νερό για 12 ώρες.

b) Αφήστε στην άκρη για μερικές ώρες.

c) Μεταγγίζουμε και προσθέτουμε το διπλάσιο βάρος της ζάχαρης, και κάνουμε ένα σιρόπι.

68. Μαρμελάδα ραβέντι, τριαντάφυλλο και φράουλα

Κάνει: περίπου 6 πίντες

ΣΥΣΤΑΤΙΚΑ:

- 2 κιλά ραβέντι
- 1 κιλό φράουλες
- ½ κιλό ροδοπέταλα με πολύ άρωμα
- 1½ κιλό ζάχαρη
- 4 ζουμερά λεμόνια, συμπεριλαμβανομένων των σπόρων, άφησαν στην άκρη

ΟΔΗΓΙΕΣ:

a) Κόβουμε το ραβέντι και το στρώνουμε σε ένα μπολ με τις ολόκληρες ξεφλουδισμένες φράουλες και τη ζάχαρη. Περιχύνουμε με το χυμό λεμονιού, σκεπάζουμε και αφήνουμε όλη τη νύχτα.

b) Ρίξτε το περιεχόμενο του μπολ σε ένα ταψί που δεν αντιδρά. Προσθέστε τους σπόρους λεμονιού δεμένους σε μια σακούλα μουσελίνας και αφήστε τα να βράσουν απαλά. Βράζουμε για 2 λεπτά και μετά ρίχνουμε το περιεχόμενο του τηγανιού ξανά στο μπολ. Σκεπάζουμε και αφήνουμε σε δροσερό μέρος όλη τη νύχτα για άλλη μια φορά.

c) Ξαναβάζουμε το μείγμα ραβέντι και φράουλας στο τηγάνι.

d) Αφαιρέστε τις άσπρες άκρες από τις βάσεις των ροδοπέταλων και προσθέστε τα πέταλα στο τηγάνι, σπρώχνοντάς τα καλά κάτω ανάμεσα στα φρούτα.

e) Αφήνουμε να πάρει μια βράση και βράζουμε γρήγορα μέχρι να επιτευχθεί το σημείο πήξης και μετά αδειάζουμε σε ζεστά αποστειρωμένα βάζα.

f) Σφράγιση και επεξεργασία.

69. Σιρόπι Apple Moss

Κάνει: 4

ΣΥΣΤΑΤΙΚΑ:

- ½ φλιτζάνι μέλι αγριολούλουδου
- 32 ουγγιές χυμό μήλων
- 1 κουταλιά της σούπας Sea moss gel
- Μισό λάιμ χυμό

ΟΔΗΓΙΕΣ:

a) Ρίξτε το χυμό μήλου μέσα από ένα λεπτό διχτυωτό σουρωτήρι και σε μια μικρή κατσαρόλα στη σόμπα σας. Ρυθμίστε τη θερμοκρασία της εστίας σε μέτρια υψηλά επίπεδα.

b) Προσθέστε το μέλι και ανακατέψτε μέχρι να αναμιχθεί

c) Ρυθμίστε τη θερμοκρασία της εστίας στο σημείο όπου το υγρό αναβράζει χωρίς να πιτσιλίζει έντονα

d) Προσθέτουμε τα υπόλοιπα υλικά και συνεχίζουμε το ανακάτεμα.

e) Καθώς το υγρό μειώνεται και τα περιεχόμενα γίνονται πιο συμπυκνωμένα, μπορεί να χρειαστεί να προσαρμοστείτε σε χαμηλότερη θερμοκρασία.

f) Αφήνουμε να μαγειρέψουμε στο μάτι μέχρι να μείνουν τα ⅓ με ¼ του αρχικού υγρού.

g) Για να δοκιμάσετε τη συνοχή, τοποθετήστε 1-3 κουταλιές της σούπας σε ένα μικρό γυάλινο μπολ και βάλτε το στην κατάψυξη για 30 δευτερόλεπτα έως 1 λεπτό.

h) Χρησιμοποιώντας μια οδοντογλυφίδα ή καθαρό δάχτυλο, αγγίξτε το υγρό και ανασηκώστε αργά το δάχτυλό σας.

i) Αυτό που ψάχνετε είναι συνοχή όσο το δυνατόν πιο κοντά στο μέλι.

j) Όσο περισσότερο μένει να ψηθεί τόσο πιο πηχτή είναι η συνοχή. Εσείς αποφασίζετε πόσο λεπτό ή χοντρό το θέλετε

k) Μόλις βράσει το υγρό και έχετε την επιθυμητή σύσταση, σβήστε τη σόμπα και αφήστε το να κρυώσει για περίπου 10 λεπτά. Το υγρό πρέπει να είναι ακόμα πολύ ζεστό αλλά να μην βράζει.

l) Στραγγίστε το υγρό μέσα από ένα διχτυωτό σουρωτήρι σε ένα βάζο.

m) Τοποθετήστε το καπάκι στο βάζο και αφήστε το να κρυώσει.

70. Σάλτσα μήλου Sea Moss

Κάνει: 4

ΣΥΣΤΑΤΙΚΑ:

- 10 βιολογικά μήλα πλυμένα και ξεφλουδισμένα
- 2 κουταλιές της σούπας από το αγαπημένο σας αρωματικό τσάι
- 2,5 φλιτζάνια νερό
- Προαιρετικά: σιρόπι σφενδάμου

ΟΔΗΓΙΕΣ:

a) Ψιλοκόβουμε τα μήλα και τα χωρίζουμε σε 2 μπολ. Κάθε μπολ θα περιέχει περίπου 3,5 φλιτζάνια μήλα.

b) Φτιάξτε 2 φλιτζάνια τσαγιού χρησιμοποιώντας 2,5 φλιτζάνια νερό και 2 κουταλιές της σούπας τσάι ανά δοχείο.

c) Σουρώνετε το τσάι και επαναφέρετε το υγρό στην κατσαρόλα με τη φωτιά/τη φωτιά σε χαμηλή.

d) Προσθέστε 3 ½ φλιτζάνια χοντροκομμένα μήλα σε κάθε κατσαρόλα.

e) Σιγοβράζουμε μέχρι να μαλακώσουν τα μήλα και να μπορούν να τρυπηθούν ή να πολτοποιηθούν εύκολα.

f) Μόλις γίνουν τα μήλα, δυναμώνουμε τη φωτιά και βράζουμε το περιττό υγρό.

g) Μόλις μειωθεί το υγρό ώστε να είναι το 50% του αριθμού των μήλων στην κατσαρόλα, χρησιμοποιήστε ένα μπλέντερ ή μπλέντερ και ανακατέψτε.

h) Η σάλτσα μήλου σας πρέπει να είναι γλυκιά από μόνη της, αλλά επειδή κάθε συγκομιδή δεν είναι η ίδια, τα μήλα μπορεί να χρειάζονται βοήθεια. Σε αυτή την περίπτωση, προσθέστε μια πινελιά σιρόπι σφενδάμου μέχρι να χορτάσει.

i) Κουτάλι ή αδειάστε σε καθαρά, αποστειρωμένα γυάλινα βάζα.

j) Αφήστε να κρυώσει.

k) Μόλις κρυώσει, σκεπάζουμε και βάζουμε στο ψυγείο.

l) Όταν έρθει η ώρα για το σερβίρισμα, ρίξτε 2 κουταλιές της σούπας έτοιμα βρύα θάλασσας στη σάλτσα μήλου και ανακατέψτε και απολαύστε.

71. Μαρμελάδα Açaí-Chia

Κάνει: περίπου ¾ φλ

ΣΥΣΤΑΤΙΚΑ:

- Πουρέ Açaí
- ¼ φλιτζάνι ζάχαρη από ζαχαροκάλαμο
- 2 κουταλιές της σούπας χυμό λεμονιού
- Πρέζα αλάτι
- 3 κουταλιές της σούπας αλεσμένους σπόρους chia

ΟΔΗΓΙΕΣ:

a) Ανακατέψτε το Açaí, τη ζάχαρη, το χυμό λεμονιού και μια πρέζα αλάτι μαζί σε μια μικρή κατσαρόλα. Αφήνουμε να σιγοβράσει και μαγειρεύουμε για 10-15 λεπτά μέχρι να πήξει ελαφρώς.

b) Ανακατεύουμε με αλεσμένο chia μέχρι να ενωθούν καλά. Αφήστε το να καθίσει μέχρι να φτάσει σε θερμοκρασία δωματίου, στη συνέχεια μεταφέρετε σε ένα δοχείο και βάλτε το στο ψυγείο μέχρι να είναι έτοιμο για χρήση.

ΜΑΡΕΛΑΔΕΣ ΚΑΤΑΨΥΞΗΣ

72. Μαρμελάδα κατάψυξης φράουλας

Κάνει: 3 κιλά

ΣΥΣΤΑΤΙΚΑ:

- 1¼ λίβρες (600 g) φρέσκες φράουλες
- 2 λίβρες Καστερ Ζάχαρη
- 3 κουταλιές της σούπας (50 ml) Χυμός λεμονιού
- ½ μπουκάλι υγρή πηκτίνη

ΟΔΗΓΙΕΣ:

a) Θρυμματίζουμε τις φράουλες σε ένα μεγάλο μπολ με μια ξύλινη κουτάλα.

b) Ρίχνουμε τη ζάχαρη και αφήνουμε να σταθεί σε ζεστή κουζίνα για περίπου 1 ώρα, ανακατεύοντας κατά διαστήματα μέχρι να διαλυθεί η ζάχαρη.

c) Προσθέστε Υγρή Πηκτίνη και ανακατέψτε καλά.

d) Προσθέτουμε το χυμό λεμονιού και συνεχίζουμε το ανακάτεμα για 2 λεπτά.

e) Τοποθετήστε την κουτάλα σε μικρά δοχεία, καλύψτε καλά. Αφήστε να σταθεί σε ζεστό μέρος για 48 ώρες και μετά παγώστε.

73. Μαρμελάδα Ακτινίδιο

ΣΥΣΤΑΤΙΚΑ:

- 1¼ λίβρες (550 g) Ακτινίδιο
- 2 κιλά ζάχαρη (κατά προτίμηση χύτρα)
- ½ μπουκάλι υγρή πηκτίνη
- 2 κουταλιές της σούπας (30 ml) χυμό λεμονιού

ΟΔΗΓΙΕΣ:

a) Ξεφλουδίστε τα φρούτα και αφαιρέστε το σκληρό κομμάτι στο άκρο του μίσχου.

b) Θρυμματίζουμε καλά τα φρούτα και ανακατεύουμε με τη ζάχαρη.

c) Αφήνουμε σε ζεστή κουζίνα για 1 ώρα, ανακατεύοντας κατά διαστήματα.

d) Προσθέστε την Υγρή Πηκτίνη και ανακατέψτε καλά.

e) Προσθέτουμε το χυμό λεμονιού και ανακατεύουμε για 2 λεπτά να ανακατευτούν καλά.

f) Μεταφέρετε σε κατάλληλα μικρά δοχεία κατάψυξης, αφήνοντας χώρο για επέκταση.

g) Σκεπάζουμε με μεμβράνη κατάψυξης ή μεμβράνη.

h) Αφήστε να σταθεί σε ζεστή κουζίνα για 24 - 48 ώρες και μετά παγώστε.

74. Μαρμελάδα βατόμουρο / φραγκοστάφυλο

Κάνει: 3 κιλά

ΣΥΣΤΑΤΙΚΑ:

- 1¼ λίβρες (600 g) σμέουρα ή φραγκοστάφυλα
- 2 λίβρες Καστερ Ζάχαρη
- 2 κουταλιές της σούπας (30 ml) χυμός λεμονιού ½ μπουκάλι υγρή πηκτίνη

ΟΔΗΓΙΕΣ:

a) Θρυμματίστε τα σμέουρα: εάν χρησιμοποιείτε μαύρα φραγκοστάφυλα, τοποθετήστε τα σε ρευστοποιητή σε ρύθμιση παλμού και χρησιμοποιήστε μικρές εκρήξεις για να σπάσετε τις φλούδες. Βάζουμε σε ένα μπολ με τη ζάχαρη και ανακατεύουμε καλά.

b) Αφήνουμε να σταθεί σε ζεστή κουζίνα για περίπου 1 ώρα, ανακατεύοντας κατά διαστήματα μέχρι να διαλυθεί η ζάχαρη.

c) Προσθέστε την Υγρή Πηκτίνη και ανακατέψτε για 2 λεπτά.

d) Προσθέτουμε το χυμό λεμονιού και συνεχίζουμε το ανακάτεμα για 2 λεπτά.

e) Τοποθετήστε την κουτάλα σε μικρά δοχεία, καλύψτε καλά. Αφήστε να σταθεί σε ζεστό μέρος για 48 ώρες και μετά παγώστε.

ΠΑΡΑΔΟΣΙΑΚΕΣ ΜΑΡΜΕΛΕΛΑΔΕΣ

75. Μήλο & Τζίντζερ

Κάνει: 5 κιλά

ΣΥΣΤΑΤΙΚΑ:

- 3 κιλά Μήλα μαγειρέματος
- 3 κιλά Ζάχαρη
- 1½ Πίντες (850 ml) Νερό
- 1 ουγκιά (30 g) μελανιασμένη ρίζα τζίντζερ σε μια τσάντα μουσελίνας
- 2 oz (55 g) ψιλοκομμένο κρυσταλλωμένο τζίντζερ
- ½ μπουκάλι υγρή πηκτίνη

ΟΔΗΓΙΕΣ:

a) Καθαρίζουμε και ξεφλουδίζουμε τα μήλα, βάζουμε τη φλούδα και τους πυρήνες σε μια κατσαρόλα με το νερό, τα αφήνουμε να βράσουν και τα βράζουμε για 10 λεπτά, τα λιώνουμε και τα σουρώνουμε.

b) Κόβουμε τα μήλα, τα βάζουμε σε μια μεγάλη κατσαρόλα με τον στραγγισμένο χυμό, κουνάμε το τζίντζερ και σιγοβράζουμε απαλά μέχρι να μαλακώσουν τα μήλα.

c) Προσθέστε τη ζάχαρη στα μαγειρεμένα μήλα και ζεστάνετε σιγά σιγά, ανακατεύοντας κατά διαστήματα μέχρι να διαλυθεί η ζάχαρη.

d) Προσθέτουμε το κρυσταλλωμένο τζίντζερ, αφήνουμε να πάρει πλήρη βράση και βράζουμε γρήγορα για 2 λεπτά.

e) Αποσύρετε από τη φωτιά, βγάζετε τη σακούλα μουσελίνας και ανακατεύετε με το Liquid Pectin.

f) Ανακατεύουμε και ξαφρίζουμε εναλλάξ για οκτώ λεπτά για να κρυώσουν και να μην επιπλέουν τα φρούτα.

g) Κατσαρόλα και σκεπάστε με τον συνηθισμένο τρόπο.

76. Μαρμελάδα βερίκοκο

Κάνει: 5 κιλά

ΣΥΣΤΑΤΙΚΑ:

- 2 κιλά βερίκοκα (ώριμα)
- 3 κιλά Ζάχαρη
- ½ μπουκάλι υγρή πηκτίνη

ΟΔΗΓΙΕΣ:

a) Ξεφλουδίστε και κόψτε τα βερίκοκα σε μικρά κομμάτια και θρυμματίστε καλά. Μην ξεφλουδίζετε.

b) Βάζουμε τα φρούτα σε ένα τηγάνι με τη ζάχαρη, ζεσταίνουμε απαλά ανακατεύοντας κατά διαστήματα μέχρι να διαλυθεί η ζάχαρη.

c) Φέρτε γρήγορα σε πλήρη βράση και βράστε γρήγορα για 1 λεπτό, ανακατεύοντας κατά διαστήματα.

d) Αποσύρουμε από τη φωτιά και ανακατεύουμε με την Υγρή Πηκτίνη.

e) Ξαφρίζουμε, τη κατσαρόλα και σκεπάζουμε με τον συνηθισμένο τρόπο.

77. Μήλο & Blackberryjam

Κάνει: 8 κιλά

ΣΥΣΤΑΤΙΚΑ:

- 2 κιλά έτοιμα μήλα
- 5 λίβρες (2,3 κιλά) Ζάχαρη
- 1½ λίβρα (700 g) Βατόμουρα Χυμός από 1 Λεμόνι
- 1 μπουκάλι υγρή πηκτίνη

ΟΔΗΓΙΕΣ:

a) Ξεφλουδίστε και ξεφλουδίστε τα μήλα, κόψτε σε μικρά κομμάτια και βάλτε τα σε μια μεγάλη κατσαρόλα με ¼ πίντα νερό.

b) Αφήνουμε να πάρει βράση και σιγοβράζουμε για 15 λεπτά.

c) Θρυμματίζουμε καλά τα βατόμουρα και τα βάζουμε σε άλλο τηγάνι με 4 κουταλιές της σούπας (60 ml)

d) από νερό.

e) Σιγοβράζουμε για 10-15 λεπτά.

f) Τοποθετούμε σε ζελέ και αφήνουμε τον χυμό να στραγγίσει. Μετρήστε και προσθέστε νερό, αν χρειάζεται, για να κάνετε 1 πίντα (570 ml).

g) Προσθέστε στον πολτό μήλου με τη ζάχαρη και το χυμό λεμονιού.

h) Ζεσταίνουμε αργά μέχρι να διαλυθεί η ζάχαρη, ανακατεύοντας συνεχώς.

i) Φέρτε σε πλήρη βράση και βράστε για

j) 2 λεπτά.

k) Αποσύρουμε από τη φωτιά και ανακατεύουμε με την Υγρή Πηκτίνη.

l) Ξαφρίζουμε, τη κατσαρόλα και σκεπάζουμε με τον συνηθισμένο τρόπο.

78. Μαρμελάδα μαύρου σταφυλιού και κρασιού λιμανιού

Κάνει: 7 κιλά

ΣΥΣΤΑΤΙΚΑ:

- 4 λίβρες (1,8 κιλά) μαύρα σταφύλια 4 ½ λίβρες (2,1 κιλά) ζάχαρη
- ¼ Πίντα Νεροχυμός από 1 Λεμόνι
- 3 κουταλιές της σούπας (950ml) Πόρτο κρασί
- 1 μπουκάλι υγρή πηκτίνη

ΟΔΗΓΙΕΣ:

a) Χρησιμοποιώντας μόνο πλήρως ώριμα σταφύλια, πλύνετε τα φρούτα και αφαιρέστε τα κουκούτσια.
b) Τοποθετούμε σε ένα τηγάνι με το νερό και σιγοβράζουμε μέχρι να μαλακώσουν (περίπου 15 λεπτά).
c) Προσθέστε το χυμό λεμονιού και τη ζάχαρη.
d) Φέρνουμε σε πλήρη βράση και βράζουμε γρήγορα για 5 λεπτά.
e) Αποσύρουμε από τη φωτιά και ξαφρίζουμε, αν χρειάζεται. Προσθέστε την υγρή πηκτίνη και το κρασί πορτών.
f) Αφήστε να κρυώσει ελαφρά για να μην επιπλέουν τα φρούτα.
g) Κατσαρόλα και σκεπάστε με τον συνηθισμένο τρόπο.

79. Μαρμελάδα Blackberry

Κάνει: 5 κιλά

ΣΥΣΤΑΤΙΚΑ:

- 2 κιλά Μούρα
- 3 κιλά Ζάχαρη
- ½ μπουκάλι υγρή πηκτίνη

ΟΔΗΓΙΕΣ:

a) Χρησιμοποιήστε μόνο πλήρως ώριμα φρούτα. Θρυμματίστε καλά.

b) Βάζουμε τα έτοιμα φρούτα και τη ζάχαρη σε μια μεγάλη κατσαρόλα, ανακατεύουμε καλά και ζεσταίνουμε απαλά μέχρι να διαλυθεί η ζάχαρη.

c) Φέρτε σε πλήρη βράση και βράστε στην πιο καυτή φωτιά.

d) Ανακατεύουμε συνεχώς πριν και όσο βράζει.

e) Βράζουμε δυνατά για 2 λεπτά.

f) Αποσύρουμε από τη φωτιά και ανακατεύουμε με την Υγρή Πηκτίνη.

g) Ξαφρίζουμε και ανακατεύουμε εναλλάξ για μόλις 5 λεπτά.

h) Ψύξτε ελαφρά για να μην επιπλέουν τα φρούτα.

i) Κατσαρόλα και σκεπάστε με τον συνηθισμένο τρόπο.

80. Μαρμελάδα φραγκοστάφυλου

Κάνει: 5 κιλά

ΣΥΣΤΑΤΙΚΑ:

- 2 κιλά μαύρα φραγκοστάφυλα
- 3¼ κιλά Ζάχαρη
- ½ Πίντα Νερό
- ½ Μπουκάλι Υγρή Πηκτίνη

ΟΔΗΓΙΕΣ:

a) Από πάνω, ουρά και πλύνετε τα φρούτα.

b) Θρυμματίζουμε καλά και βάζουμε τα φρούτα σε μια μεγάλη κατσαρόλα με το νερό, τα αφήνουμε να βράσουν και σιγοβράζουμε σκεπασμένα για 15 λεπτά ή μέχρι να μαλακώσουν οι φλούδες.

c) Προσθέτουμε τη ζάχαρη, ανακατεύουμε καλά και ζεσταίνουμε απαλά μέχρι να διαλυθεί η ζάχαρη.

d) Φέρτε σε πλήρη βρασμό και βράστε γρήγορα για 1 λεπτό, ανακατεύοντας κατά διαστήματα.

e) Αποσύρουμε από τη φωτιά και ανακατεύουμε την Υγρή Πηκτίνη - ξαφρίζουμε αν χρειάζεται.

f) Κατσαρόλα και σκεπάστε με τον συνηθισμένο τρόπο.

81. Κονσερβοποιημένη μαρμελάδα βερίκοκο και ανανά

Κάνει: 5 κιλά

ΣΥΣΤΑΤΙΚΑ:

- 2 x 15 ουγκιές κουτιά Βερίκοκο Μισά
- 3 κιλά Ζάχαρη
- 2 x 16 ουγκιές δαχτυλίδια ανανά
- Χυμός από 1 λεμόνι 1 μπουκάλι υγρή πηκτίνη

ΟΔΗΓΙΕΣ:

a) Στραγγίζουμε τα φρούτα, ψιλοκόβουμε τις ροδέλες του ανανά και τα βερίκοκα.

b) Βάλτε τα φρούτα σε ένα τηγάνι, προσθέστε τη ζάχαρη και το χυμό λεμονιού.

c) Ζεσταίνουμε σιγά σιγά μέχρι να διαλυθεί όλη η ζάχαρη, ανακατεύοντας συνεχώς.

d) Φέρνουμε σε πλήρη βράση και βράζουμε δυνατά για 2 λεπτά.

e) Αποσύρουμε από τη φωτιά και ανακατεύουμε με την Υγρή Πηκτίνη.

f) Ξαφρίζουμε τη μαρμελάδα και μετά ανακατεύουμε. Αφήνουμε να κρυώσει ελαφρώς.

g) Αδειάζουμε γρήγορα σε καθαρά βάζα, σφραγίζουμε και σκεπάζουμε με τον συνηθισμένο τρόπο.

82. Κεράσι μαρμελάδα

Κάνει: 5 κιλά

ΣΥΣΤΑΤΙΚΑ:

- 2,5 λίβρες Κεράσια πετρελαίου
- 3 κιλά Ζάχαρη
- ¼ Πίντα Νερό
- 3 κουταλιές της σούπας χυμό λεμονιού
- 1 μπουκάλι υγρή πηκτίνη

ΟΔΗΓΙΕΣ:

a) Σιγοβράζουμε τα κεράσια στο νερό και το χυμό λεμονιού σε σκεπασμένο τηγάνι για 15 λεπτά.

b) Μεταφέρετε σε ένα πολύ μεγάλο τηγάνι πριν προσθέσετε τη ζάχαρη.

c) Προσθέτουμε τη ζάχαρη και ζεσταίνουμε απαλά, ανακατεύοντας κατά διαστήματα μέχρι να διαλυθεί η ζάχαρη.

d) Φέρνουμε σε πλήρη βράση και βράζουμε γρήγορα για 1 – 2 λεπτά.

e) Ανακατεύουμε την Υγρή Πηκτίνη και συνεχίζουμε το βράσιμο για 1 λεπτό.

f) Αποσύρουμε από τη φωτιά, ξαφρίζουμε, αν χρειάζεται, κρυώνουμε ελαφρώς, κατσαρόλα και σκεπάζουμε με τον συνηθισμένο τρόπο.

83. Damson Jam

Κάνει: 5 κιλά

ΣΥΣΤΑΤΙΚΑ:

- 2½ κιλά Φρούτα
- 3¼ κιλά Ζάχαρη Χυμός από 1 Λεμόνι
- ½ Πίντα Νερό
- ½ Μπουκάλι Υγρή Πηκτίνη

ΟΔΗΓΙΕΣ:

a) Πλένουμε τα φρούτα και τα βάζουμε σε ένα τηγάνι με το νερό.
b) Ανακατεύουμε μέχρι να πάρει βράση το μείγμα.
c) Σκεπάζουμε και σιγοβράζουμε για 15 λεπτά.
d) Προσθέτουμε τη ζάχαρη και το χυμό λεμονιού, ανακατεύουμε καλά.
e) Φέρτε σε πλήρη βράση στην πιο καυτή φωτιά.
f) Προσθέστε ένα μικρό κομμάτι βούτυρο.
g) Ανακατεύουμε συνεχώς πριν και όσο βράζει.
h) Βράζουμε δυνατά για 1 λεπτό.
i) Αποσύρουμε από τη φωτιά, ανακατεύουμε την Υγρή Πηκτίνη.
j) Ξαφρίζουμε για να αφαιρέσετε τα υπολείμματα και τυχόν πέτρες.
k) Ρίξτε γρήγορα και σκεπάστε.

84. Μαρμελάδα φρέσκο σύκο

Κάνει: 5 κιλά

ΣΥΣΤΑΤΙΚΑ:

- 2 κιλά ώριμα Σύκα
- 3,5 κιλά Ζάχαρη
- Χυμός από 2 λεμόνια
- 1 μπουκάλι υγρή πηκτίνη

ΟΔΗΓΙΕΣ:

a) Βάλτε τα σύκα σε ένα μεγάλο ταψί το χυμό από 2 λεμόνια, 2 κιλά σύκα και 3 ½ κιλά ζάχαρη.

b) Ανακατεύουμε καλά και ζεσταίνουμε σιγά σιγά μέχρι να διαλυθεί η ζάχαρη.

c) Φέρτε σε πλήρη βράση, ανακατεύοντας συνεχώς.

d) Βράζουμε δυνατά για 1 λεπτό, στη συνέχεια αποσύρουμε από τη φωτιά και ανακατεύουμε με την Υγρή Πηκτίνη.

e) Ξαφρίζουμε, τη κατσαρόλα και σκεπάζουμε με τον συνηθισμένο τρόπο.

85. Τζίντζερ Μαρμελάδα

Κάνει: 5 κιλά

ΣΥΣΤΑΤΙΚΑ:

- 1 κιλό Ρίζα Τζίντζερ
- 3 κιλά Ζάχαρη
- 6 κουταλιές της σούπας χυμό λεμονιού
- 1 μπουκάλι υγρή πηκτίνη

ΟΔΗΓΙΕΣ:

a) Ξεφλουδίστε το τζίντζερ και κόψτε σε κύβους ¼" (6 mm).

b) Σκεπάζουμε με κρύο νερό, αφήνουμε να πάρει βράση, σιγοβράζουμε για 5 λεπτά και μετά στραγγίζουμε.

c) Σκεπάζουμε με φρέσκο κρύο νερό, αφήνουμε να πάρει βράση, σιγοβράζουμε για 5 – 10 λεπτά. Στραγγίζουμε καλά.

d) Μεταφέρετε σε ένα πολύ μεγάλο τηγάνι, προσθέστε ζάχαρη και 14 ουγγιές (400 ml) νερό και το χυμό λεμονιού. Ζεσταίνουμε μέχρι να βράσει ανακατεύοντας, σιγοβράζουμε για 5 λεπτά και αφήνουμε να κρυώσει για αρκετές ώρες ή όλη τη νύχτα.

e) Προσθέστε ένα μικρό κουμπί βούτυρο για να αποφύγετε τον αφρισμό, αφήστε να πάρει πλήρη βράση και βράστε όσο το δυνατόν πιο γρήγορα για 2 λεπτά. Αποσύρουμε από τη φωτιά.

f) Ανακατέψτε τη υγρή πηκτίνη. Αφήνουμε να κρυώσει ανακατεύοντας κατά διαστήματα για 5 – 10 λεπτά μέχρι να πήξει.

g) Αδειάζουμε σε ζεστά βάζα και σκεπάζουμε με τον συνηθισμένο τρόπο.

86. Μαρμελάδα φραγκοστάφυλο

Κάνει: 5 κιλά

ΣΥΣΤΑΤΙΚΑ:

- 2 λίβρες φραγκοστάφυλα
- 3½ κιλά Ζάχαρη
- ¼ Πίντα Νερό
- ½ μπουκάλι υγρή πηκτίνη

ΟΔΗΓΙΕΣ:

a) Από πάνω, ουρά και πλύνετε τα φραγκοστάφυλα. Βάζουμε τα φραγκοστάφυλα σε ένα τηγάνι με το νερό, τα αφήνουμε να βράσουν και σιγοβράζουμε σκεπασμένα για 15 λεπτά ή μέχρι να μαλακώσουν οι φλούδες, ανακατεύοντας κατά διαστήματα.
b) Προσθέτουμε τη ζάχαρη και ζεσταίνουμε σιγά σιγά μέχρι να διαλυθεί η ζάχαρη, ανακατεύοντας κατά διαστήματα.
c) Φέρτε γρήγορα σε πλήρη βράση και βράστε γρήγορα για 2 λεπτά, ανακατεύοντας κατά διαστήματα.
d) Αποσύρουμε από τη φωτιά και ανακατεύουμε σε υγρή πηκτίνη - ξαφρίζουμε αν χρειάζεται.
e) Αφήνουμε να κρυώσει ελαφρώς, τη κατσαρόλα και σκεπάζουμε με τον συνηθισμένο τρόπο.

87. Μαρμελάδα Ακτινίδιο

Κάνει: 5 κιλά

ΣΥΣΤΑΤΙΚΑ:

- 2 κιλά Ακτινίδιο
- 3½ κιλά Ζάχαρη
- ½ μπουκάλι υγρή πηκτίνη

ΟΔΗΓΙΕΣ:

a) Ξεφλουδίστε τα φρούτα, αφαιρώντας το σκληρό κομμάτι στο άκρο του μίσχου.

b) Θρυμματίζουμε καλά τα φρούτα και ανακατεύουμε με τη ζάχαρη.

c) Μεταφέρουμε σε ένα μεγάλο τηγάνι, και ζεσταίνουμε απαλά μέχρι να διαλυθεί όλη η ζάχαρη.

d) Ζεσταίνουμε γρήγορα μέχρι να πάρει βράση και βράζουμε (πλήρης βρασμός) για 2 λεπτά.

e) Αποσύρουμε από τη φωτιά και ανακατεύουμε την Υγρή Πηκτίνη, ανακατεύοντας καλά.

f) Αφήνουμε να κρυώσει για 2 με 3 λεπτά και ανακατεύουμε με τον συνηθισμένο τρόπο.

88. Μυελός & Τζίντζερ Μαρμελάδα

Κάνει: 5 κιλά

ΣΥΣΤΑΤΙΚΑ:

- 1 Μυελός
- 3¼ κιλά Ζάχαρη
- 4 κουταλιές της σούπας Νερό
- Χυμός από 1 Λεμόνι
- 2 ουγκιές μελανιασμένη ρίζα τζίντζερ
- 4 ουγκιές ψιλοκομμένο κρυσταλλωμένο τζίντζερ
- 1 μπουκάλι υγρή πηκτίνη

ΟΔΗΓΙΕΣ:

a) Ξεφλουδίστε το μυελό, πετάξτε το δέρμα και τους σπόρους, κόψτε το.

b) Τοποθετούμε το μεδούλι σε ένα τηγάνι με το νερό και σιγοβράζουμε σκεπασμένο για 20 λεπτά.

c) Το τζίντζερ ρίζας πρέπει να δένεται σε μια σακούλα μουσελίνας και να τοποθετείται σε ένα τηγάνι μαζί με τη ζάχαρη, το ψημένο μεδούλι, το ψιλοκομμένο κρυσταλλωμένο τζίντζερ και το χυμό λεμονιού. ανακατεύουμε καλά και ζεσταίνουμε απαλά, ανακατεύοντας κατά διαστήματα, μέχρι να διαλυθεί η ζάχαρη.

d) Φέρτε σε πλήρη βράση και βράστε για 2 λεπτά.

e) Αποσύρετε από τη φωτιά, βγάζετε τη σακούλα μουσελίνας και ανακατεύετε με το Liquid Pectin.

f) Αφήστε το να κρυώσει για να μην επιπλέουν τα φρούτα. Κατσαρόλα και σκεπάστε με τον συνηθισμένο τρόπο.

89. Μαρμελάδα ανάμεικτα φρούτα

Κάνει: 5 κιλά

ΣΥΣΤΑΤΙΚΑ:

- ½ λίβρες (225 g) αποξηραμένα ροδάκινα
- 4 λίβρες (1,7 κιλά) Ζάχαρη
- ½ Πίντα (285 ml) Νερό
- ½ λίβρες (225 g) Αχλάδια
- 1½ λίβρες (700 g) Μήλα
- ⅛ Πίντα (75 ml) Νερό
- ½ Μπουκάλι Υγρή Πηκτίνη

ΟΔΗΓΙΕΣ:

a) Μουλιάζουμε τα αποξηραμένα ροδάκινα σε νερό για τουλάχιστον 4 ώρες.

b) Καθαρίζουμε και τον πυρήνα των μήλων και των αχλαδιών και κόβουμε σε φέτες. Βάζουμε σε ένα ταψί με τα ροδάκινα και το νερό.

c) Σκεπάζουμε και σιγοβράζουμε μέχρι να μαλακώσουν (περίπου 15 λεπτά).

d) Προσθέστε τη ζάχαρη, ανακατέψτε μέχρι να διαλυθεί.

e) Φέρνουμε σε πλήρη βράση και βράζουμε δυνατά για 2 λεπτά.

f) Αποσύρουμε από τη φωτιά και ανακατεύουμε με την Υγρή Πηκτίνη.

g) Ξαφρίζουμε αν χρειάζεται. Κατσαρόλα και σκεπάστε με τον συνηθισμένο τρόπο.

90. Μαρμελάδα ροδάκινο

Κάνει: 5 κιλά

ΣΥΣΤΑΤΙΚΑ:

- 2¼ λίβρες (1 κιλό) ροδάκινα
- 3¼ κιλά Ζάχαρη
- 1 μπουκάλι υγρή πηκτίνη

ΟΔΗΓΙΕΣ:

a) Καθαρίζουμε και ξεφλουδίζουμε τα ροδάκινα, ψιλοκόβουμε τη σάρκα.

b) Αν το φρούτο δεν έχει γεύση ή ξινό, προσθέστε το χυμό από 1 λεμόνι.

c) Βάζουμε τη ζάχαρη και τα έτοιμα φρούτα σε μια μεγάλη κατσαρόλα και ζεσταίνουμε απαλά μέχρι να διαλυθεί η ζάχαρη.

d) Φέρνουμε σε πλήρη βράση και βράζουμε δυνατά για 1 λεπτό.

e) Αποσύρουμε από τη φωτιά και ανακατεύουμε με την Υγρή Πηκτίνη.

f) Ξαφρίζουμε, τη κατσαρόλα και σκεπάζουμε με τον συνηθισμένο τρόπο.

91. Μαρμελάδα Αχλάδι & Τζίντζερ

Κάνει: 5 κιλά

ΣΥΣΤΑΤΙΚΑ:

- 3 κιλά Ετοιμασμένα και κομμένα σε κύβους μαγειρικά Αχλάδια
- 3¼ κιλά Ζάχαρη
- ½ πίντα Νερό
- Χυμός από 2 λεμόνια
- Τριμμένη φλούδα από 1 Λεμόνι
- 1 επίπεδο κουταλάκι του γλυκού Τζίντζερ
- 2 ουγκιές κρυσταλλωμένο τζίντζερ (κομμένο σε κύβους)
- 1 μπουκάλι υγρή πηκτίνη

ΟΔΗΓΙΕΣ:

a) Βράζετε τα αχλάδια σε νερό μέχρι να μαλακώσουν.
b) 2 Προσθέστε τη ζάχαρη, το χυμό λεμονιού, τη φλούδα και το τζίντζερ, ανακατέψτε σε ήπια φωτιά μέχρι να διαλυθεί η ζάχαρη.
c) Αφήνουμε να πάρει βράση και βράζουμε γρήγορα για 2 λεπτά.
d) Αποσύρουμε από τη φωτιά και ανακατεύουμε με την Υγρή Πηκτίνη.
e) Βράζουμε για 1 λεπτό ακόμα.
f) Αφήνουμε να κρυώσει για 10-15 λεπτά.
g) Κατσαρόλα και σκεπάστε με τον συνηθισμένο τρόπο.

92. Μαρμελάδα ανανά

Κάνει: 4 κιλά

ΣΥΣΤΑΤΙΚΑ:

- 1 ½ λίβρα (0,7 κιλά) έτοιμος ανανάς
- 3 κιλά Ζάχαρη
- 1 πίντα νερό (300 ml)
- 1 Λεμόνι
- 1 μπουκάλι υγρή πηκτίνη

ΟΔΗΓΙΕΣ:

a) Ετοιμάζουμε τα φρούτα, τα θρυμματίζουμε καλά και τα βάζουμε σε ένα μεγάλο τηγάνι.

b) Προσθέστε το νερό, ζεστάνετε αργά και μαγειρέψτε μέχρι να μαλακώσει - περίπου 30 λεπτά.

c) Προσθέτουμε τη ζάχαρη και το χυμό από 1 λεμόνι, ανακατεύουμε καλά και ζεσταίνουμε σιγά σιγά μέχρι να διαλυθεί η ζάχαρη, ανακατεύοντας κατά διαστήματα.

d) Φέρνουμε σε πλήρη βράση και βράζουμε γρήγορα για 2 λεπτά.

e) Αποσύρουμε από τη φωτιά, προσθέτουμε την Υγρή Πηκτίνη και αφήνουμε να κρυώσει για 20 λεπτά για να μην επιπλέουν τα φρούτα.

f) Ξαφρίζουμε, τη κατσαρόλα και σκεπάζουμε με τον συνηθισμένο τρόπο.

93. Μαρμελάδα δαμάσκηνο

Κάνει: 10 κιλά

ΣΥΣΤΑΤΙΚΑ:

- 5 λίβρες (2,3 κιλά) δαμάσκηνα
- 6½ λίβρες (3 κιλά) Ζάχαρη
- ½ Πίντα Νερό
- ½ Μπουκάλι Υγρή Πηκτίνη

ΟΔΗΓΙΕΣ:

a) Πλένουμε τα δαμάσκηνα, τα κόβουμε σε κομμάτια, αφαιρώντας όσα κουκούτσια θέλουμε.
b) Βάλτε τα φρούτα και το νερό σε ένα μεγάλο τηγάνι.
c) Αφήνουμε να πάρει βράση, ανακατεύοντας συνεχώς.
d) Σκεπάζουμε και σιγοβράζουμε για 15 λεπτά.
e) Προσθέτουμε τη ζάχαρη, ζεσταίνουμε σιγά σιγά μέχρι να διαλυθεί η ζάχαρη, ανακατεύοντας συνεχώς και μετά αφήνουμε να πάρει πλήρη βράση.
f) Βράζουμε δυνατά για 2 λεπτά, ανακατεύοντας κατά διαστήματα, στη συνέχεια αποσύρουμε από τη φωτιά και ανακατεύουμε με την Υγρή Πηκτίνη.
g) Ξαφρίζουμε, αν χρειάζεται, τη κατσαρόλα και σκεπάζουμε με τον συνηθισμένο τρόπο.

94. Μαρμελάδα Κυδώνι

Κάνει: 4½ κιλά

ΣΥΣΤΑΤΙΚΑ:

- 3 κιλά Κυδώνια
- 3 κιλά Ζάχαρη
- 1 Λεμόνι
- ½ μπουκάλι υγρή πηκτίνη

ΟΔΗΓΙΕΣ:

a) Ξεφλουδίστε και ξεφλουδίστε τα κυδώνια (χρησιμοποιήστε πλήρως ώριμα φρούτα). Ψιλοκόβουμε όσο πιο ψιλά γίνεται.

b) Προσθέστε ½ πίντα (240 ml) νερό και το χυμό από 1 λεμόνι.

c) Αφήνουμε να πάρει μια βράση και σκεπάζουμε και σιγοβράζουμε για 15 λεπτά.

d) Μετρήστε τη ζάχαρη και 2 ½ λίβρες (1,1 κιλό) έτοιμα φρούτα σε ένα μεγάλο τηγάνι και ανακατέψτε καλά. Ζεσταίνουμε αργά μέχρι να διαλυθεί η ζάχαρη.

e) Φέρτε σε πλήρη βράση. Ανακατεύουμε συνεχώς, πριν και όσο βράζει.

f) Βράζουμε δυνατά για 1 λεπτό.

g) Αποσύρουμε από τη φωτιά και ανακατεύουμε με την Υγρή Πηκτίνη.

h) Ξαφρίζουμε, τη κατσαρόλα και σκεπάζουμε με τον συνηθισμένο τρόπο.

95. Μαρμελάδα Loganberry ή Tayberry

Κάνει: 7 κιλά

ΣΥΣΤΑΤΙΚΑ:

- 4 λίβρες (1,8 κιλά) Φρούτα
- 5 ½ λίβρες (2,5 κιλά) Ζάχαρη
- 1 μπουκάλι υγρή πηκτίνη

ΟΔΗΓΙΕΣ:

a) Θρυμματίζουμε τα μούρα και τα βάζουμε σε ένα τηγάνι με τη ζάχαρη.

b) Ζεσταίνουμε απαλά, ανακατεύοντας κατά διαστήματα μέχρι να διαλυθεί η ζάχαρη.

c) Φέρτε γρήγορα σε πλήρη βράση και βράστε γρήγορα για 2 λεπτά, ανακατεύοντας κατά διαστήματα.

d) Αποσύρουμε από τη φωτιά και ανακατεύουμε με την Υγρή Πηκτίνη. Ξαφρίζουμε αν χρειάζεται.

e) Αφήστε το να κρυώσει για να μην επιπλέουν τα φρούτα. Κατσαρόλα και σκεπάστε με τον συνηθισμένο τρόπο.

96. Μαρμελάδα βατόμουρο

Κάνει: 8 κιλά

ΣΥΣΤΑΤΙΚΑ:

- 4 λίβρες (1,8 κιλά) σμέουρα
- 5½ λίβρες (2,5 κιλά) Ζάχαρη
- 1 μπουκάλι υγρή πηκτίνη

ΟΔΗΓΙΕΣ:

a) Θρυμματίζουμε τα μούρα και τα βάζουμε σε ένα τηγάνι με τη ζάχαρη.
b) Ζεσταίνουμε απαλά, ανακατεύοντας κατά διαστήματα μέχρι να διαλυθεί η ζάχαρη.
c) Φέρτε γρήγορα σε πλήρη βράση και βράστε γρήγορα για 2 λεπτά, ανακατεύοντας κατά διαστήματα.
d) Αποσύρουμε από τη φωτιά και ανακατεύουμε με την Υγρή Πηκτίνη. Ξαφρίζουμε αν χρειάζεται.
e) Αφήστε το να κρυώσει για να μην επιπλέουν τα φρούτα. Κατσαρόλα και σκεπάστε με τον συνηθισμένο τρόπο.

97. Μαρμελάδα ραβέντι και τζίντζερ

Κάνει: 5 κιλά

ΣΥΣΤΑΤΙΚΑ:

- 3 κιλά έτοιμο Ραβέντι
- 3 κιλά Ζάχαρη
- ¼ Πίντα Νερό
- 1 ουγκιά (30 g) μελανιασμένη ρίζα τζίντζερ
- 1 μπουκάλι υγρή πηκτίνη

ΟΔΗΓΙΕΣ:

a) Κόβουμε σε λεπτές φέτες το ραβέντι αλλά μην το ξεφλουδίζουμε.

b) Μετρήστε τη ζάχαρη σε μια μεγάλη κατσαρόλα και προσθέστε 3 κιλά έτοιμο ραβέντι και το νερό.

c) Προσθέστε 1 ουγκιά μελανιασμένη ρίζα τζίντζερ δεμένη σε μια σακούλα μουσελίνας.

d) Ανακατεύουμε καλά και αφήνουμε γρήγορα να πάρει πλήρη βράση.

e) Βράζουμε δυνατά για 3 λεπτά. Αποσύρουμε από τη φωτιά και ανακατεύουμε με την Υγρή Πηκτίνη.

f) Αφαιρέστε τη ρίζα τζίντζερ στη σακούλα μουσελίνας.

g) Ξαφρίζουμε, κατσαρόλα και σκεπάζουμε.

98. Μαρμελάδα φράουλα

Κάνει: 5 κιλά

ΣΥΣΤΑΤΙΚΑ:

- 2¼ λίβρες (1 κιλό) φράουλες
- 3 κιλά Ζάχαρη
- 3 κουταλιές της σούπας χυμό λεμονιού
- ½ μπουκάλι υγρή πηκτίνη

ΟΔΗΓΙΕΣ:

a) Ετοιμάζουμε τα φρούτα, τα θρυμματίζουμε καλά και τα βάζουμε σε ένα τηγάνι με τη ζάχαρη και το χυμό λεμονιού.

b) Ζεσταίνουμε αργά, μέχρι να διαλυθεί η ζάχαρη, ανακατεύοντας κατά διαστήματα. Προσθέστε ένα μικρό κουμπί βούτυρο ή μαργαρίνη.

c) Φέρνουμε σε πλήρη βράση και βράζουμε γρήγορα για 2 λεπτά.

d) Αποσύρουμε από τη φωτιά, προσθέτουμε την Υγρή Πηκτίνη και αφήνουμε να κρυώσει για 20 λεπτά για να μην επιπλέουν τα φρούτα.

e) Ξαφρίζουμε, τη κατσαρόλα και σκεπάζουμε με τον συνηθισμένο τρόπο.

99. Μαρμελάδα φράουλα (ολόκληρη)

Κάνει: 5 κιλά

ΣΥΣΤΑΤΙΚΑ:

- 2¼ λίβρες (1 κιλό) μικρές φράουλες
- 3 λίβρες (1,4 g) Ζάχαρη
- 3 κουταλιές της σούπας (50 ml)
- Χυμός λεμονιού (1 μεγάλο λεμόνι)
- ½ μπουκάλι υγρή πηκτίνη

ΟΔΗΓΙΕΣ:

a) Ετοιμάζουμε τα φρούτα και τα βάζουμε στο τηγάνι με το χυμό λεμονιού και τη ζάχαρη.

b) Σταθείτε για 1 ώρα, ανακατεύοντας κατά διαστήματα.

c) Ζεσταίνουμε αργά, μέχρι να διαλυθεί η ζάχαρη, ανακατεύοντας κατά διαστήματα.

d) Προσθέστε ένα μικρό κουμπί βούτυρο ή μαργαρίνη.

e) Φέρνουμε σε πλήρη βράση και βράζουμε γρήγορα για 2 λεπτά.

f) Αποσύρουμε από τη φωτιά, προσθέτουμε την Υγρή Πηκτίνη και αφήνουμε να κρυώσει για 20 λεπτά για να μην επιπλέουν τα φρούτα.

g) Ξαφρίζουμε, τη κατσαρόλα και σκεπάζουμε με τον συνηθισμένο τρόπο.

100. Μαρμελάδα φράουλα και ραβέντι

Κάνει: 5 κιλά

ΣΥΣΤΑΤΙΚΑ:

- 1 κιλό Ραβέντι
- 1 κιλό φράουλες
- 3¼ λίβρες (1,7 κιλά) Ζάχαρη
- ¼ Πίντες Νερό
- 1 επίπεδο κουταλάκι του γλυκού διττανθρακική σόδα
- ½ μπουκάλι υγρή πηκτίνη

ΟΔΗΓΙΕΣ:

a) Πλένουμε το ραβέντι και το κόβουμε πολύ. Μην ξεφλουδίζετε.
b) Θρυμματίζουμε καλά τις φράουλες.
c) Βάζετε τα φρούτα σε μια κατσαρόλα με το νερό, τα αφήνετε να βράσουν, ανακατεύοντας συνεχώς. Σιγοβράζουμε σκεπασμένο για 15 λεπτά.
d) Μετρήστε 2 πίντες (1130 ml) μαγειρεμένων φρούτων σε μια μεγάλη κατσαρόλα συμπληρώνοντας την ποσότητα με νερό εάν χρειάζεται.
e) Προσθέτουμε τη ζάχαρη, ζεσταίνουμε απαλά μέχρι να διαλυθεί η ζάχαρη, ανακατεύοντας κατά διαστήματα.
f) Φέρνουμε σε πλήρη βράση και βράζουμε γρήγορα για 2 λεπτά.
g) Αποσύρουμε από τη φωτιά και ανακατεύουμε με την Υγρή Πηκτίνη.
h) Ανακατεύουμε και ξαφρίζουμε εναλλάξ για 5 λεπτά για να κρυώσουν και να μην επιπλέουν τα φρούτα.
i) Κατσαρόλα και σκεπάστε με τον συνηθισμένο τρόπο.

ΣΥΜΠΕΡΑΣΜΑ

Σας ευχαριστούμε για το πρόσθετο πλαίσιο. Ακολουθεί ένα πιθανό μεγαλύτερο συμπέρασμα για την τελευταία σελίδα του ΤΟ ΚΑΛΥΤΕΡΟ ΒΙΒΛΙΟ ΓΛΥΚΙΑΣ ΜΑΓΕΙΡΙΚΗΣ με 100 συνταγές:

Συγχαρητήρια που φτάσατε στην τελευταία σελίδα του Jam Cookbook, ενός ολοκληρωμένου οδηγού για την παρασκευή σπιτικών μαρμελάδων. Είμαστε ενθουσιασμένοι που αποφασίσατε να ξεκινήσετε αυτό το ταξίδι μαρμελάδας μαζί μας και ελπίζουμε να απολαύσατε την εξερεύνηση των πολλών νόστιμων συνταγών που περιλαμβάνονται σε αυτό το βιβλίο.

Όπως έχετε δει, το να φτιάξετε τις δικές σας μαρμελάδες μπορεί να είναι μια ικανοποιητική και ικανοποιητική εμπειρία. Υπάρχει κάτι ιδιαίτερο στο να παίρνετε φρέσκα, εποχιακά φρούτα και να τα μετατρέπετε σε αλείμμα που μπορείτε να απολαύσετε όλο το χρόνο. Είτε θέλετε να εφοδιάσετε το ντουλάπι σας με κλασικές γεύσεις όπως φράουλα και βατόμουρο είτε θέλετε να πειραματιστείτε με πιο μοναδικούς συνδυασμούς όπως μύρτιλο-λεβάντα ή σύκο-βαλσάμικο, οι συνταγές σε αυτό το βιβλίο θα σας βοηθήσουν να επιτύχετε τους στόχους σας στη μαρμελάδα .

Σε όλο το ΤΟ ΚΑΛΥΤΕΡΟ ΒΙΒΛΙΟ ΓΛΥΚΙΑΣ ΜΑΓΕΙΡΙΚΗΣ, έχουμε μοιραστεί το πάθος μας για τις μαρμελάδες και παρέχουμε οδηγίες βήμα προς βήμα για να σας βοηθήσουμε να επιτύχετε τέλεια αποτελέσματα κάθε φορά. Από την επιλογή των σωστών φρούτων μέχρι την εξοικείωση με την τέχνη του ζελέ, καλύψαμε όλα όσα πρέπει να γνωρίζετε για να φτιάξετε νόστιμες, υψηλής ποιότητας μαρμελάδες στη δική σας κουζίνα.

Αλλά περισσότερο από το να σας παρέχει απλώς συνταγές και τεχνικές, ελπίζουμε ότι αυτό το βιβλίο σας ενέπνευσε επίσης να γίνετε δημιουργικοί με την παρασκευή μαρμελάδας. Έχουμε συμπεριλάβει συμβουλές για συνδυασμούς γεύσεων και σας ενθαρρύνουμε να πειραματιστείτε με διαφορετικά φρούτα, βότανα και μπαχαρικά για να δημιουργήσετε τα δικά σας μοναδικά μείγματα. Είτε προσθέτετε μια πινελιά ουίσκι στη μαρμελάδα ροδάκινου σας είτε εμποτίζετε τις κονσέρβες φράουλας με βασιλικό, οι δυνατότητες για συνδυασμούς γεύσεων είναι ατελείωτες.

Καθώς προχωράτε στο ταξίδι σας στη δημιουργία μαρμελάδας, σας ενθαρρύνουμε να διασκεδάσετε και να απολαύσετε τη διαδικασία. Η παρασκευή μαρμελάδων είναι ένας υπέροχος τρόπος για να συνδεθείτε με τις εποχές, να γιορτάσετε τη γενναιοδωρία της γης και να μοιραστείτε τους καρπούς της εργασίας σας με άλλους. Ελπίζουμε ότι αυτό το βιβλίο σας βοήθησε να κάνετε όλα αυτά τα πράγματα και ότι οι συνταγές και οι τεχνικές που έχετε μάθει θα σας εξυπηρετήσουν καλά τα επόμενα χρόνια.

Σας ευχαριστούμε που επιλέξατε το ΤΟ ΚΑΛΥΤΕΡΟ ΒΙΒΛΙΟ ΓΛΥΚΙΑΣ ΜΑΓΕΙΡΙΚΗΣ ως οδηγό για σπιτικές μαρμελάδες. Σας ευχόμαστε πολλές χαρούμενες ώρες στην κουζίνα και πολλά λαχταριστά βαζάκια μαρμελάδας να τα μοιραστείτε με τους αγαπημένους σας. Καλή μαρμελάδα!

CPSIA information can be obtained
at www.ICGtesting.com
Printed in the USA
LVHW081920220323
742311LV00009B/625

9 781783 572274